지은이 **김도혜** 金度惠

덕성여자대학교 글로벌융합대학 문화인류학전공 조교수. 일리노이대학교 어바나-샴페인 캠퍼스에서 인류학으로 박사학위를 받았다. 이주 문제 전반에 관심이 두고 있으며, 특히 기존 한국의 이주연구에서 그다지 주목받지 못했던 은퇴 이주나 학생 이주를 위주로 연구 중이다. 주요 논저로 「"위험한 필리핀"과 "문제 있는 한인"」, 「교육 수혜자에서 초국적 청년 이주자로」 등이 있다.

옮긴이 **신봉아** 申奉牙

번역가. 이화여자대학교 통번역대학원에서 한영번역으로 석사 학위를 받았다. 옮긴 책으로 『레오나르도 다빈치』, 『왜 나는 사람들과 어울리지 못하는 걸까』가 있으며 〈마스터스 오브 로마〉 시리즈를 공역했다.

노인을 위한 나라 — 동남아시아 은퇴이주 문화는 어떻게 생겨났는가

교차하는 아시아
003

노인을 위한 나라
― 동남아시아 은퇴이주 문화는
어떻게 생겨났는가

김도혜 지음 ― 신봉아 옮김

A|C|C

일러두기

· 이 책에 저본이 된 논문은 2018년 정부(문화체육관광부)의 재원으로 국립아시아문화전당의 지원을 받아 수행된 연구다. (ACC-2018-RF-06)
· 단행본은 『 』, 논문과 예술작품 등은 「 」로 표기했으며, 옮긴이가 별도의 문구를 추가하는 경우에는 [ ]으로 표기했다.
· 외국 인명·지명의 표기는 국립국어원 외래어 표기법에 따랐으며, 몇몇 경우에는 현지 발음에 가깝게 표기했다.
· 이 책 내용의 일부분은 김도혜(2019), 「"환영할 만한" 은퇴이주자의 탄생: 필리핀, 말레이시아, 태국의 비자정책을 중심으로」, 『동남아연구』 28권 3호, 123-154에 게재되었다.

차례

들어가며 008

1 동남아시아는 어떻게 '노인을 위한 나라'가 되었는가 021
2 외국인 은퇴자는 어떻게 '환영받는' 이주자가 되었나 035
3 은퇴이주와 등급화된 시민권 079
4 은퇴이주비자에 대한 한국인의 상상 103

마치며 137

미주 140
참고문헌 151

들어가며

이 책은 동남아시아의 필리핀, 말레이시아, 태국의 은퇴비자 프로그램을 다루는 연구서다. 이 세 나라의 비자 프로그램을 비교 분석하여 동남아시아 국가들이 외국인 은퇴자를 "바람직한" 이주자로 인식하여 아시아 내(inter-Asia) 새로운 이주문화를 만들어낸 과정을 살펴본다. 나아가 한국인 은퇴비자 신청자들이 동남아시아 각국의 은퇴이주 비자 프로그램을 어떻게 활용하는지도 알아본다. 이에 따라 이 책의 주제는 크게 두 가지로 나뉜다. 첫째는 동남아시아 3국의 국가 행위자가 외국인 은퇴자들에게 국경의 장벽을 관대하게 낮추는 방식(이동성 체제 mobility regime[1])을 채택하게 된 경위를 밝히는 것이다. 둘째는 한국인 은퇴비자 신청자들이 이렇게 변화된 환경을 활용하여 국가의 의도와는 다른 이주문화를 만들어가는 과정을 알아보는 것이다.

이 책에서는 외국인 은퇴자를 유치할 목적으로 국경을 낮추는 방식을 살피기 위해 "등급화된 시민권" 개념을 도입하고자 한다. 이 개념은 신자유주의 국가가 시장경제 논리에 따라 이주민에게 적용하는 차등화된 통치체제를 의미한다. 이를 통해 필리핀, 말레이시아, 태국이 외국인 은퇴자들, 특히 북반구 고소득 국가 출신 은퇴자들을 가치 높은 소비자로 인식하고 이들에게 호의적인 시스템을 만들어내고 있음을 보여주고자 한다.[2]

등급화된 시민권 개념을 만든 캘리포니아 대학 인류학과의 아이와 옹Aihwa Ong은 신자유주의가 단순한 경제정책이 아니기 때문에 신자유주의 확대가 국가의 힘을 축소시킬 것이라는 시각에 반대하면서, 오히려 국가가 신자유주의 통치체제를 받아들이면서 어떻게 자신들의 통치 범위와 통치력을 강화해나가는지 분석한다. 옹에 따르면, 국가는 인구를 경제적인 분석의 단위로 인식하여 자국의 경제에 도움이 될 만한 시민과 그렇지 못한 시민을 선별하고 각각의 집단에게 서로 다른 통치기술과 전략을 구사한다. 등급화된 시민권이란 이처럼 잠재적 경제력에 따라 나누어진 시민권의 등급과 각 등급에 해당하는 인구를 직접 관리하고 통제하여 새로운 경제적 가능성을 열고자 하는 국가의 전략을 의미한다. 물론 이 책에서 살펴보는 은퇴이주자들은 동남아시아에서 "시민"으로 편입되지 않는 "비시민"이다.

이 글에서는 이런 비시민 이주민을 다른 이주자, 특히 노동 이주자와 어떻게 다르게 대우하는지 살펴 등급화된 시민권의 개념을 비시민에게까지 확대 적용할 것이다.

1997년 아시아 외환위기 이후 동남아시아 3국은 신자유주의 경제개혁에 박차를 가했고, 고령의 외국인 은퇴자들을 환영하는 동시에 그들을 직·간접적으로 관리함으로써 특별한 혜택이 보장되는 예외적인 공간을 만들어냈다. 이 책은 이에 관한 구체적인 은퇴이주 비자 정책 분석을 통해, 이들 국가가 외국인 은퇴자들을 합리적인 소비자로 추켜세우는 등 가치 있는 소비자로 관리하기 위해 사용한 여러 방식을 소개한다. 이처럼 호의적인 대우는 이들 국가가 인도네시아, 캄보디아, 라오스 같은 이웃 중저소득 국가 출신의 이주노동자들에게 적용하는 가혹한 규제 조치와 극명히 대비된다.

동남아시아 3국의 은퇴비자 프로그램은 주로 유럽, 미국, 일본 출신 은퇴자들을 겨냥하고 있지만, 실제 은퇴이주 프로그램은 다양한 아시아 국가 출신 이주민의 증가를 불러왔다. 이 책은 동남아시아 국가로의 은퇴이주 비자 신청이 급증하고 있는 한국의 사례를 통해, 한국의 이주 에이전시와 은퇴이주 희망자들이 국가의 의도와 다른 새로운 이주문화를 만들어내는 과정을 함께 밝힌다. 즉, 한국의 이주 에이전시와 비자 신청자들이 은퇴이주 비자의 가치와 목적을 창의적으로 재해석하는 방식을 살펴봄으로써 국가행위자가 이주민을 관리하기 위해 미리 설정해둔 사회적 관계가 전복되는 과정을 소개한다.

예컨대 동남아시아 3국은 외국인 은퇴자들을 특히 돌봄 및 의료 분야의 소비자로 만들고자 노력하지만, 한국의 이주 에이전시와 비자 신청자들은 은퇴이주 비자를 그러한 서비스를 구입하기 위한 방편으로 인식하지 않는다. 한국인 비자 신청자들은 대개 은퇴하기에는 젊은 나이(40, 50대)이며, 동남아시아 국가를 경제적 이익과 교육 기회를 통해 더 나은 미래를 얻을 수 있는 "기회의 땅"으로 여기고 있기 때문이다.

한국에서의 이 같은 은퇴비자 열풍은 어디서 기인할까. 부족한 국민연금 지급액, 고용 안정성 하락, 해외 주택 소유에 관한 최근의 법률 개정 등 한국의 정치적·사회경제적 상황으로 형성된 동남아시아 은퇴비자 열풍은 이주에 대한 욕망과 동기를 부추긴다. 신자유주의 경제정책의 심화로 한국뿐 아니라 소위 선진국이라 불리는 북반구에서조차 더 이상 노동과 은퇴의 경계가 분명한 삶의 궤적을 그릴 수 없게 된 실정이다. 이와 같은 현실에서 한국인들이 은퇴이주 비자를 활용하는 방식을 살펴보는 일은 은퇴이주가 앞으로 어떻게 새롭게 개념화될 것인지를 보여주는 좋은 예시가 된다. 다시 말해 한국인의 사례는 은퇴이주라는 국제이주 현상이 얼마나 다양한 방식으로 실행될 수 있는지, 그리고 앞으로 어떤 방식으로 작동 가능할 것인지

점쳐보는데 좋은 참고가 된다.

두 가지 방식의 국경 통제

앞서 강조한 것처럼, 세계화와 신자유주의 경제체제로의 전환은 국가 주권의 약화만을 초래하지 않았다.[3] 오히려 국경 통제 방식은 국경을 넘는 사람이 누구인지에 따라 차등화되었다. 즉 국가행위자는 이로운 세력과 해로운 세력을 구분함으로써 국익에 따라 국경을 통제하고 있다. 더 구체적으로 말하자면, 국가가 경제적 이익을 최우선시하는 기업의 논리로 작동하면서 난민을 비롯한 정치적·사회경제적으로 소외된 이주민을 잠재적 위협요소로 여기는 한편, 국가 경제에 도움이 될 것으로 예상되는 이주민은 두 팔 벌려 환영한다.

조르조 아감벤 Giorgio Agamben의 정의에 따르면, 이처럼 소외된 존재는 국가 주권으로부터 버림받은 채 아무런 권리 없이 목숨만 연명하는 "호모 사케르 homo sacer"에 해당한다.[4] 난민과 비숙련 미등록 노동자는 소외되고 죄악시되는 계층의 대표적인 예다.[5] 또한 국가들은 시민권을 상품화하는 데 그치지 않고, 국가 경제에 기여할 잠재력을 지닌 이주자들을 유치하는 프로그램을 도입했다.[6] 이러한 최근의 경향을 잘 보여주는 사례가 투자이민 프로그램의 강화다.

  이처럼 양분화된 이동성 체제를 감안하면서 이 책은 잠재적으로 유익한 이주자들을 유치하기 위한 이동성 체제에 초점을 맞춘다. 이러한 이동성 체제에 관한 최근 연구는 대부분 고소득 국가, 즉 서유럽과 북미 국가의 시민권 정책을 분석하는 방식으로 진행되었다. 예컨대 기존 연구들은 북반구 고소득 국가들이 "가산점 제도"를 통해 시민권을 부여하는 방식을 소개하면서, 국익에 부합하는 기술을 보유한 이주민에게만 국경을 개방하려는 이들 국가의 의도를 분석해왔다.[7] 이주민에 대한 이와 같은 차등 대우는 고소득 국가에만 국한되지 않는다. 하지만 중저소득 국가들은 전통적으로 이주 목적 국가가 아니라 이주 송출 국가로 여겨져왔기 때문에 그간의 이주 연구에서 별로 주목받지 못했다.

  이 책은 동남아시아 중저소득 국가가 국익에 도움이 될 만한 외국인 은퇴자들을 유치하기 위해 도입한 일련의 정책을 조명함으로써, 중저소득 국가를 이주 목적 국가의 맥락에 놓고 그 양태를 살펴보고자 한다. 고소득 국가와 달리 동남아시아 중저소득 국가는 경제적 편익을 극대화하기 위한 도구로 시민권이 아니라 비자(임시 거주권)를 활용해왔다. 따라서 시민권 및 영구 거주권과는 무관한 은퇴이주 비자를 분석하여, 이러한 임시 거주 프로그램이 국가 경제에 기여하기 위한 수단으로 활용되는 방식을 설명할 것이다.

산업과 인구이동으로서의 국제 은퇴이주

국제 은퇴이주에 관한 연구는 주로 두 가지 분석 단위에 초점을 맞추는 경향이 있다. 첫째는 은퇴이주 산업, 둘째는 이주자 집단이다. 첫째로 은퇴이주를 하나의 산업으로 분석한 연구들은 동남아시아 중저소득 국가가 외국인 연금생활자들을 유치하기 위해 도입한 프로그램의 실행 방식에 주목한다. 그 한 가지 예는 미카 토요타와 바오 시앙의 연구인데, 그들은 동남아시아 국가들이 외국인 연금생활자들을 가치 있는 소비자로 인식해 이들을 유치하기 위한 은퇴이주 프로그램을 경쟁적으로 홍보하는 방식을 소개한다.[8] 하지만 이러한 연구들에서 각국의 비자 프로그램을 비교 분석하지는 않았다. 이 글에서는 동남아시아 3국의 은퇴이주 프로그램을 비교 분석함으로써 개별 프로그램들이 갖는 공통점뿐 아니라 차이점까지 밝히고자 한다.

둘째, 국제 은퇴이주에 관한 연구는 일반적으로 치열한 경쟁사회를 벗어나 은퇴 후의 여가를 즐기기 위해 소위 제3세계로 이주하는 일본, 유럽, 미국 출신 연금생활자에 초점을 맞춰

왔다.⁹ 기존 연구는 이들을 "라이프스타일 이주자"라 명명하며, 이들이 중저소득 국가에서 긴 휴가를 즐기는 비교적 나이 많고 부유한 연금생활자라는 데 주목했다.¹⁰ 그러나 최근 북반구 고소득 국가들의 사회복지가 축소되면서, 국제 은퇴이주에 관한 연구는 연금생활자의 계층 다양성을 구체화하는 방식으로 바뀌고 있다. 다시 말해, 은퇴이주자들을 비교적 부유한 특권층 연금생활자로 여기던 1990년대와 2000년대 초반의 연구와 달리, 최근 연구들은 연금 축소로 인해 고통받는 은퇴자들이 생활비 절약을 위해 중저소득 국가를 선택하게 되는 과정에 초점을 맞추는 것이다.

비자 신청자들 간의 계층 다양성이 강조되고 있긴 하지만, 최근 연구들 역시 여전히 은퇴이주 비자 신청자들이 서유럽, 미국, 일본 출신의 비교적 나이 많은 연금생활자이며 그들에게는 은퇴 후에 중저소득 국가에서 '체류'하려는 욕망이 있다고 전제한다. 이 책에서는 한국의 사례를 통해 비자 신청자들에 대한 이러한 천편일률적인 해석이 한국인 은퇴비자 소지자를 이해하는 데는 부적절하다는 점을 보여줄 것이다. (일본 및 서유럽 연금생활자와 달리) 국가 및 기업 연금이 불충분한 한국인들에게는, 동남아시아 국가의 은퇴이주 비자가 단순히 은퇴 후 생활비를 절약하고 중저소득 국가에 '체류'하기 위한 수단이 아니다. 이 책은 한국의 이주 에이전시와 비자 신청자들이 은퇴이주 비자를 인식하는 방식을 면밀히 분석함으로써 이들이 단순히 거주나 생활비 절약 목적이 아니라, 경제적 이익 창출이나 탈세 등의 목적으로 은퇴이주 비자를 전략적으로 활용하는 방식을 조명할 것이다.

어떻게 연구했는가

이 글의 목적은 두 가지이기 때문에 각각의 목표에 다른 연구방법을 적용했다. 첫째, 동남아시아 3국이 경제적 이익에 따라 외국인 은퇴자 유치를 위한 새로운 이동성 체제를 개발하는 방식을 살펴보기 위해, 각국의 은퇴이주 비자 프로그램을 비교 분석했다. 우선 필리핀, 말레이시아, 태국의 정부와 언론이 발표한 문서와 자료를 참고해 해당 국가가 은퇴이주 프로그램을 도입·소개·홍보하는 방식을 살펴보았다. 또한 은퇴이주 프로그램에 관한 기사와 논문을 분석함으로써 이 주제에 관한 자료와 증거를 수집했다. 둘째, 한국의 이주 에이전시와 비자 신청자들이 은퇴이주 비자의 목적과 가치를 창의적으로 전복시키는 과정을 파악하기 위해 질적인 연구 방법을 활용했다. 특히, 이민박람회 같은 행사에 참여하여 관찰하고 이주 에이전시와 심층면담을 진행하면서 은퇴이주 비자 프로그램에 대한 한국인들의 인식을 살펴보았다.

참여 관찰은 크게 두 가지 행사에서 진행되었다. 첫째는 필리핀, 말레이시아, 태국 은퇴이주 비자 관련 이주 에이전시들이 잠재적 비자 신청자들을 대상으로 실시하는 설명회와 소그룹 컨설팅이다. 둘째는 해외 비자 프로그램을 판매하는 한국 이주 에이전시들이 서울에서 공동 개최하는 대규모 이민박람회다.

우선, 한국 이주 에이전시들은 정기적으로(대부분 월 1회) 동남아시아 은퇴이주 비자 프로그램을 소개하는 설명회를 개최한다. 설명회 직후에는 참석자들을 서너 명씩 묶어 소그룹 컨설팅을 진행하면서 구체적인 질문을 받는다. 설명회는 1시간 정도 소요되고, 소그룹 컨설팅은 질문의 개수에 따라 1시간 30분이나 2시간 동안 진행된다. 대다수 한국인 은퇴이주 비자 신청자들이 언어적 제약 때문에 이주 에이전시를 통해 정보를 얻고 비자를 발급받는다는 점을 감안할 때, 이주 에이전시의 설명회는 관련 자료를 얻을 수 있는 긴요한 사회적 행사다. 따라서 참석자들과 이주 에이전시 간의 비자에 관한 질의응답을 관찰함으로써 양 당사자가 비자 프로그램을 이해하는 방식에 관한 자료를 수집할 수 있었다.

둘째, 대규모 이민박람회는 서울과 부산에서 정기적으로(연 2회) 개최된다. 해외 비자 발급을 담당하는 한국 내 이주 에이전시 200곳 이상이 이민박람회에 참여해 여러 국가의 비자 프로그램을 홍보하고 판매한다. 이민박람회는 단순히 동남아시아의 맥락에 국한되지 않은, 전반적인 비자 프로그램의 추세를 이해하는 데 도움을 주는 중요한 행사다. 비자설명회와 이민박람회에 필자가 참석했던 일정은 아래와 같다. (각 이주 에이전시의 이름은 노출하지 않고 알파벳과 숫자로 구분하여 표기한다.)

M-1(말레이시아 은퇴이주 비자 에이전시)의 설명회: 2018.8.28., 참석자 20명

M-1의 소그룹 컨설팅: 2018.8.28., 참석자 5명

M-2(말레이시아 은퇴이주 비자 에이전시)의 설명회: 2018.7.18., 참석자 15명

M-2의 소그룹 컨설팅: 2018.7.18., 참석자 5명

T-1(태국 은퇴이주 비자 에이전시)의 설명회: 2018.9.1., 참석자 50명

이민박람회: 2018.9.15.~9.16., 300명 이상

또한 비자 프로그램에 관한 더 자세한 정보를 얻고 한국인 비자 신청자들의 비자 활용 방법을 이해하기 위해 이주 에이전시에서 오래 근무한 직원들과 면담을 실시했다. 주로 사무실 방문을 통해 이뤄졌는데, 각 인터뷰는 최소 2시간 이상, 전부 서울에서 진행되었다. A 부장의 경우, 대면 인터뷰를 마친 뒤 추가 정보를 얻기 위해 이메일 인터뷰를 한번 더 실시했다. 이 연구의 인터뷰 참여자는 아래와 같다.

A: P-1(필리핀 은퇴이주 비자 에이전시) 영업부 부장

B: M-1 대표

C: T-1 대표

　이 책은 4개 장으로 구성되어 있다. 1장에서는 양분화된 이동성 체제를 설명하기 위해 동남아시아 지역의 전반적인 이주 추세를 자세히 소개한다. 여기서 양분화된 이동성 체제란 첫째, 비숙련 불법 노동자에 대한 국경 폐쇄, 둘째, 비교적 부유한 외국인 연금생활자에 대한 국경 개방을 의미한다. 2장에서는 필리핀, 말레이시아, 태국의 역사적·사회경제적·문화적 배경을 소개함으로써 이들 국가의 은퇴이주 정책을 비교분석한다. 그리고 3장에서는 동남아시아 3국의 은퇴이주 정책을 등급화된 시민권의 개념으로 분석한다. 마지막 4장에서는 한국의 사례를 분석해 필리핀, 말레이시아, 태국의 은퇴이주 비자가 실제 한국에서 어떤 방식으로 이해되고 판매되는지를 살펴본다.

1

Retiree Migrants in Southeast Asia

동남 아시아는 어떻게 '노인을 위한 나라'가 되었는가

동남아시아
중저소득 국가로부터의
이주자 유출

　　　　　　　　　이 책의 주요 목적은 동남아시아 3국으로 들어오는 이주민에 초점을 맞춰 이동성 체제를 설명하는 것이지만 사실 이들 국가는 기존 이주 연구에서 이주 목적국이 아니라 이주 송출국으로 이해되어왔다.[1] 이주 송출정책은 이주 유입정책과 결코 떼려야 뗄 수 없기 때문에 이주민 유입의 이동성 체제를 설명하기에 앞서 간단히 이들 동남아시아 3국의 이주 송출 현상에 대해 살펴보자.

　우선, 동남아시아 각국이 이주의 목적 국가인지 송출 국가인지를 구분한 아마르지트 카우어의 분류를 참고할 만하다.[2] 카우어에 따르면 싱가포르, 말레이시아, 태국은 이주노동자들이 많이 찾아오는 주요 이주 목적 국가인 반면, 인도네시아와 필리핀은 자국민을 해외로 많이 내보내는 이주 송출 국가다. 하지만 그는 말레이시아와 태국이 이주 목적 국가인 동시에 이주 송출 국가이기 때문에, 동남아시아 내에서 이주 목적 국가와 이주 송출 국가 간의 경계는 모호할 수 있다고 지적한다.[3]

카우어의 분류법을 이 글에서 다룰 3국에 적용하자면, 말레이시아와 태국은 이주 송출 국가이자 이주 목적 국가이며 필리핀은 대체로 이주 송출 국가다. 이러한 이주 추세는 당연히 각국의 경제 발전 정도와 밀접한 연관이 있다. 아시아개발은행 ADB, Asian Development Bank에 따르면 말레이시아와 태국의 경제는 2010년 기준 동남아시아 7개국(캄보디아, 인도네시아, 라오스, 말레이시아, 필리핀, 태국, 베트남) 중에서 각각 1위와 2위를 차지했다. 반면 필리핀의 경제는 5위였다.[4]

말레이시아의 탄탄한 경제와 더불어, 그 나라 출신 이주자들은 숙련 노동자든 비숙련 노동자든 간에 대부분 유럽, 호주, 싱가포르, 미국으로 이주하는 경향이 있다. 또한 말레이시아 출신 이주자들은 교육 수준 면에서도 비슷한 비중을 보여준다. 경제협력개발기구 OECD에 따르면, 2005년과 2006년 기준으로 말레이시아 출신 이주자 중 저학력자는 전체의 36퍼센트, 고학력자는 31퍼센트를 차지했다.[5]

말레이시아와 달리 태국과 필리핀 출신 이주자들은 대부분 비숙련 노동자였다. 태국의 경우, 2012년 기준으로 전체 이주자의 11퍼센트만이 고위 관리, 관리자, 전문 기술자, 전문가 등의 숙련 기술자였다.[6] 태국 출신 이주자 중에서는 공장 노동자가 제일 많았고, 그다음으로는 기능인력과 농어업 노동자가 많았다.[7] 2012년 기준, 태국 출신 이주노동자들이 가장 많이 찾는 이주 목적 국가는 대만, 한국, 아랍에미리트연합, 이스라엘 등 동아시아와 중동 국가들이다.[8]

이주의 여성화

'이주의 여성화feminization of migration'는 태국과 필리핀의 이주 추세를 설명하는 용어로 적합하다. 이는 이주 관련 연구에서 상당수의 비숙련 노동자가 여성으로 구성된, 이주 문화 내에서의 패턴을 설명할 때 사용된다.[9] 이러한 패턴은 아시아에서 특히 두드러지는데, 2005년 아시아의 전체 이주자 중 여성이 절반을 차지했기 때문이다.[10] 예컨대, 말레이시아 출신 이주자의 성비는 2005년과 2006년 기준, 남자 22만 7,000명과 여자 22만 8,300명으로 거의 50 대 50이었다.[11] 이에 반해 태국 출신 이주자는 2012년 기준, 남자 10만 8,890명과 여자 22만 5,209명으로 여성의 비율이 높았다.[12] 이주자 집단 내에서의 여초 현상은 필리핀의 경우에도 동일하게 적용된다.

많은 이주 관련 연구에서 밝혀진 것처럼, 중저소득 국가에서 고소득 국가로 이주하는 여성들은 비숙련 무급 노동으로 여겨지는 돌봄 서비스 노동 분야에 집중되어 있다. 고소득 국가에서 이러한 노동은 전통적으로 아내와 딸 등 가족 내 여성들이 맡아 수행했다. 하지만 여성의 교육 수준과 노동시장 참여율이 높아지면서 가정 내 돌봄 노동을 유급 노동자에게 외주화하게 되었다. 이런 맥락 속에서 중저소득 국가 출신 여성 이주자들이 가사 도우미와 간병인으로서 돌봄 노동의 공백을 메우기 시작했다.[13] 특히 필리핀 출신 여성 이주자들이 돌봄 노동 분야의 공백을 메우는 대표적인 이주노동자가 되어, 여러 이주 목적 국가에서 각종 차별과 기본권 박탈을 경험하고 있다.[14]

동남아시아 중저소득 국가의 이주 송출 추세에서 이주의 여성화가 특히 중요한 이유는, 다음 장에서 자세히 설명하겠지만, 이 현상이 이들 국가로의 이주자 유입 추세와도 밀접한 관련이 있기 때문이다. 다시 말해, 필리핀과 태국 등 동남아시아 중저소득 국가가 서비스·돌봄 산업 분야에서 일할 여성 노동자들을 비교적 저렴한 가격에 제공한다는 사실이 고소득 국가 출신 은퇴자들에게 매력적인 요소 중 하나로 각인될 수 있다는 것이다.

즉 미국, 일본, 서유럽 각국 등 여러 고소득 국가가 인구의 고령화와 함께 고령 인구의 돌봄 문제를 경험하고 있는 현실에서 질 높은 돌봄 서비스 노동자를 저렴하게 고용할 수 있다는 점은 동남아시아 중저소득 국가로의 이주를 촉진시킬 수 있는 요소가 된다.

동남아시아 중저소득 국가로의 이주자 유입

필리핀, 말레이시아, 태국으로 유입되는 이주민은 크게 두 부류로 나뉜다. 첫째는 레저 활동과 자연환경을 찾아 유입되는 고소득 국가 출신 이주자고, 둘째는 이웃 동남아시아 국가로부터 유입되는 이주노동자다. 대다수 이주 관련 문헌에서 이 두 종류의 이주 움직임은 따로따로 논의된다. 전자는 라이프스타일 이주, 은퇴이주, 관광의 맥락에서 분석되는 반면, 후자는 비숙련 노동이주의 하나로 다뤄진다. 더욱이 이 두 종류의 이주 움직임은 비교적 최근 나타난 현상이므로, 동남아시아 국가로의 은퇴이주와 노동이주에 대한 연구는 북반구 고소득 국가로의 이주에 대한 연구보다 그 역사가 짧다. 이어지는 글에서 그 내용을 하나씩 자세히 살펴볼 것이다.

은퇴이주

동남아시아 3국의 은퇴비자 프로그램에 대해서는 다음 장에서 상세히 기술하고, 여기서는 은퇴이주라는 현상에 대한 이해를 돕기 위해, 그간 이주 연구에서 은퇴이주를 어떻게 연구해왔는지 간략히 살펴보자. 전통적으로 은퇴이주는 퇴직 후의 삶을 즐기기 위한 서구 출신 은퇴자들의 초국적 이주의 형태로 이해되어왔다. 일례로 초기의 은퇴이주 연구는 영국 출신 은퇴자들이 기후가 온화하고 물가가 비교적 저렴한 스페인 남부로 이주하는 현상에 관심을 기울였다.[16]

앞서도 언급했지만, 이주의 주 목적이 경제적 목적과는 무관한, 삶의 질 향상이라는 점에 착안해 이 초국적 움직임을 "라이프스타일 이주"라고 명명하기도 했다.[17] 따라서 라이프스타일 이주자는 중저소득 국가의 친자연적인 환경과 레저 생활을 즐기고자 하는 부유한 서구 출신 이주자로 정의되었고, 은퇴이주자는 이러한 라이프스타일 이주자의 한 부류로 인식되었다.

하지만 최근 몇 년 사이 은퇴이주에 관한 연구들은 두 가지 방식의 새로운 접근을 보여준다. 첫째, 최근 연구들은 은퇴이주자들이 더는 부유한 이주자가 아니라는 점을 지적하기 시작했고, 둘째, 인종·계층·젠더의 관점에서 이주민과 현지인 간에 내재된 권력의 비대칭에 주목한다. 우선 신자유주의의 바람이 전 세계를 휩쓸자 북반구 고소득 국가들은 복지를 축소하고 노동시장을 유연화하는 등의 조치를 취했다.[18] 일련의 노동개혁으로 일반 시민들의 주머니 사정은 나빠졌다. 이에 따라 은퇴이주자들이 더 이상 아름다운 자연환경을 누리며 자아실현이나 자기만족적 삶을 이루기 위해 이주하는 사람들로만 받아들여지기 어려워졌다. 게다가 고령화라는 전 세계적 추세와 맞물려, 본국의 복지재정 축소로 인해 고통받는 은퇴자들은 비교적 저렴한 가격에 돌봄 서비스를 받을 수 있고 생활비도 절약할 수 있는 지역을 찾기 시작했다. 이에 최근 연구들은 은퇴이주자가 부유한 계층으로서 어떤 혜택을 누리기 위해 중저소득 국가로 이주하는가라는 연구주제에서 벗어나, 부족한 연금과 생활비 문제를 해결하기 위한 일환으로 중저소득 국가로 은퇴이주를 떠나는 과정에 주목하고 있다.[19]

둘째, 은퇴이주자들의 이주 목적 국가가 남유럽에서 동남아시아(더 나아가서는 남미)로 확장됨에 따라, 연구자들은 이주자들이 현지에서 경험하는 인종, 성별, 계층의 역학관계에 주목하고 있다.[20] 예컨대 미국의 정치학자 매튜 헤이즈는 에콰도르에 거주하는 북미 출신 은퇴이주자의 라이프스타일 연구를 통해, 백인 이주자들이 자신의 피부색이 식민시대의 지배계층을 연상시키는 에콰도르에서 스스로 언행을 검열하느라 애쓰는 상황을 분석한다.[21] 고령화, 정부 복지 축소와 더불어, 특권층

이주 형태에 내재된 권력 역학에 관한 이 같은 분석은 새로운 주목을 받고 있다.

이웃 국가로부터의 노동이주

앞서 밝혔듯이 동남아시아로 유입되는 이주민에 은퇴이주자만 있는 것은 아니다. 은퇴이주자와 대척점에서 차별, 착취, 추방의 대상이 되는 이주노동자들도 적지 않게 유입되고 있다. 동남아시아 3국 중에서 말레이시아와 태국 내의 외국인 노동자는 각각 200만 명과 350만 명 이상이다. 말레이시아에 거주하는 외국인 노동자의 국적은 대부분 인도네시아, 방글라데시, 미얀마이고, 태국에 거주하는 외국인 노동자의 국적은 대부분 미얀마, 라오스, 캄보디아다.[23] 이들은 두 나라에서 가사 노동, 건설, 농업 분야의 노동력 공백을 메우고 있다.

말레이시아는 등록 노동자와 미등록 노동자를 막론하고 이주노동자들에 대한 처우가 가혹하기로 악명이 높다. 말레이시아 정부는 전통적으로 미등록 외국인 노동자 추방을 위한 이민단속 강화와 상호협정·사면을 통한 이민단속 완화 사이를 왔다 갔다 하고 있다.[24] 아시아 외환사태로 인한 경제위기와 9·11 테러로 인한 글로벌 안보위기를 겪은 뒤, 말레이시아 정부는 미등록 이주노동자에 대한 강도 높은 탄압정책을 실시했다. 휴먼라이츠워치에 따르면 말레이시아 정부는 취업허가가 없는 외국인 노동자들을 대상으로 체벌, 구금, 추방 등 폭력적인 조치를 취하고 있다.[25] 말레이시아 이주노동자를 연구하는 케빈 맥거한은 말레이시아 정부가 자국의 민족주의 민간 자원단체에 미등록으로 의심되는 외국인 노동자들의 체포를 허용해 미등록 노동자들이 국가 안보와 경제를 위협하는 사람이라는 인식을 심어주고 있다고 주장했다.[26]

* * *

지금까지 동남아시아 중저소득 국가를 둘러싼 다양한 초국적 이주의 양상을 송출과 유입 양상으로 나누어 살펴보았다. 이러한 포괄적 접근을 통해 기존 이주연구에서 동남아시아 중저소득 국가가 이주 송출국으로만 이해되어왔던 관행을 벗고 이주 유입국으로 분석될 필요성이 있음을 제기하고자 했다. 이어지는 장에서는 본격적으로 동남아시아 3국의 은퇴비자 프로그램을 비교 분석하여 이들 국가에서 외국인 은퇴자가 환영받게 되는 과정을 살펴본다.

2

Retiree Migrants in Southeast Asia

외국인 은퇴자는 어떻게 '환영받는' 이주자가 되었나

은퇴이주자는
어떻게
환영받는 이주자가 되었나

외국인 은퇴자의 이주와 관련된 일련의 국가정책을 소개하면서 싱가포르의 사회학자 미카 토요타와 바오 시앙은 "은퇴산업 retirement industry"이라는 표현을 사용하여, 동남아시아 국가들이 은퇴이주를 국가산업으로 인식해 특정 형태의 초국적 이주를 촉진하고 있다고 주장한다.[1] 즉 동남아시아 국가가 다양한 비자 정책과 관광·부동산·돌봄 산업과의 전략적 협력 프로그램을 도입하면서, 외국인 은퇴자가 그 국가들의 수입 창출의 원천이 되고 있다는 것이다. 토요타와 시앙은 더 나아가 동남아시아 국가들이 더 많은 외국인 은퇴자를 유치하기 위해 관련 프로그램을 도입하고 제도를 개혁하며 벌이는 상호경쟁 과정을 조명했다.

동남아시아 국가들은 공통적으로 은퇴이주를 장려하는 경

향을 보인다. 하지만 각국의 정책과 프로그램은 혜택과 조건이 조금씩 다르다. 다시 말해, 나라마다 정치적·사회경제적 배경에 따라 서로 다른 정책을 만들어왔기 때문에 프로그램의 구체적인 형태가 서로 다른 것이다. 그럼에도 불구하고, 동남아시아 국가로의 은퇴이주에 관한 기존 연구들은 이들 국가가 "환영받는" 은퇴이주자의 이미지를 구축해가는 과정을 획일적으로 인식하는 경향이 있었다. 따라서 이 장에서는 동남아시아 3국의 정책과 프로그램을 비교 분석하며, 외국인 은퇴자를 이상적인 이주자의 이미지로 만들어가는 과정에서 이들 국가가 보여주는 차이점을 소개하고자 한다.

필리핀

미국 식민주의의 유산

필리핀 은퇴이주 정책과 프로그램의 특징은 미국의 오랜 식민지배의 영향이 아직도 남아 있다는 것이다. 미국 식민주의와 필리핀 비자 프로그램의 연관성은 두 가지로 요약된다. 첫째, 은퇴이주 프로그램은 앞서 미국으로 이주했던 자국민을 본국으로 귀환시키기 위한 정책에 뿌리를 두고 있다. 둘째, 미군이 필리핀에 수십 년간 주둔하면서 일부 미군 병사가 그곳에서 은퇴했기 때문에, 은퇴비자 프로그램에는 미군 병사를 위한 특별한 항목이 있다. 필리핀 은퇴이주 비자 정책과 프로그램의 역사적 맥락을 파악하기 위해서는 먼저 필리핀인들의 미국 이주 역사를 간단히 알아볼 필요가 있다.

1898년 미군의 필리핀 점령 이후, 값싼 노동력 공급과 친미 성향의 인재 양성을 위해 필리핀인들을 미국으로 송출하는 여러 정책과 프로그램이 실시되었다. 일례로 미국은 1903년 필리핀 고위층 자녀들을 선발해 미국 대학에서 교육시키는 펜시오나데 pensionade 프로그램을 도입했는데, 이는 필리핀인들이 미국 내 유학과 취업을 통해 사회적·경제적 신분 상승을 이룰 수 있는 지름길로 인식되었다.[2]

이러한 이주의 전통은 독립 이후에도 지속되었으며, 마르코스 정권(1965~86) 이후로는 자국민의 송출과 이주민의 유입이 국가경제 개발계획의 중요한 일부로 제도화되었다. 다시 말해, 초국적 인구 이동을 통해 자국 경제를 살리는 것이다. 이주민 유치 노력의 예로, 계엄령 선포 1년 뒤인 1973년 마르코스 정부는 관광부 Department of Tourism를 설치해 해외 관광객 유치에 힘쓰면서, 친근하고 아름다운 국가 이미지로 정치적 탄압이라는 어두운 현실을 은폐하려 들기도 했다.[3]

또한 1973년 마르코스 정부는 자국민의 필리핀 귀환과 투자를 활성화하기 위해 발릭바얀 Balikbayan이라는 새로운 비자 프로그램을 도입했다. 이에 따라 원래 필리핀 국적자였지만 외국(주로 미국)으로 귀화한 사람, 즉 '발릭바얀'이 필리핀으로 귀환할 경우, 면세, 무비자 입국 등의 특혜를 누릴 수 있게 되었다.[4] 발릭바얀은 본국을 원조할 준비가 된 민족주의적 시민의 표본

이자 조국을 구할 "영웅"으로 칭송받았다.[5] 비슷한 맥락에서 마르코스는 1974년 대통령령 442호를 발표함으로써 국가 지원의 중개brokerage 시스템을 도입해 자국민의 해외 노동력 송출을 제도화했다. 이를 통해 필리핀 출신 이주노동자들이 외화를 벌어 본국으로 송금할 수 있게 한 것이다.

자국 노동력 수출과 이주민 유치 등 이주 정책을 통한 수익 창출은 국가경제 상황이 악화되자 더욱 본격화되었다.[6] 이는 신자유주의 경제 체제의 도입과도 밀접하게 연관된다. 1983년 마르코스 정권이 마침내 국가 모라토리엄을 선언한 이후, 필리핀은 국제통화기금IMF의 권고를 받아들여 신자유주의 글로벌 경제시스템을 도입했고 자유무역과 이주·이민정책을 통한 경제발전을 추진했다. 이러한 정책의 일환으로 1983년 필리핀 해외취업청 POEA, Philippine Overseas Employment Administration을 설립해 모든 필리핀 이주노동자들이 자국의 은행 시스템을 통해 외화를 송금하도록 강제했다.[7]

2년 뒤에는, "자금 마련과 기타 목적을 위한 은퇴자 거주지 개발"이라는 제목의 행정명령 1037호를 발표해 외국인 은퇴자와 발릭바얀을 유치해 재정난 타계를 꾀한다.[8] 필리핀 은퇴청 PRA, Philippine Retirement Authority의 전 사무총장은 2015년 8월 인터뷰에서 "은퇴청이 설립된 이유는 마르코스 정권이 모라토리엄 선언 이후 더 많은 달러를 필요로 했기 때문"이라고 인정하기도 했다. 발릭바얀이 필리핀에서 출생한 해외 여권 소지자라는 점을 감안할 때, 필리핀 정부가 기존 발릭바얀 정책에 외국인 은퇴자/고령자까지 포함시킨 것은 논리적 수순이라 할 수 있다.

1985년 행정명령에 따라, 현재는 PRA라 불리는 필리핀 레저은퇴청PLRA, Philippines Leisure & Retirement Authority(이하 필리핀 은퇴청)이 설립되어, 일정 금액 이상의 미화를 필리핀 은행에 예치하는 사람에게 지급되는 '은퇴자를 위한 특별 거주 비자SRRV, Special Resident Retiree's Visa'(이하 은퇴비자)를 관리하게 되었다. 이 비자의 소지자에게는 (비자가 취소되지 않을 경우에 한해) 영구 거주, 복수 입국, (동반 자녀의 필리핀 학교 입학 시) 학생비자 면제, 여행세 면제 같은 혜택이 제공되었다. 또한 귀환이주자의 투자 유치를 위한 발릭바얀 프로그램의 영향을 받아, 단순히 나이가 많은 사람뿐 아니라 자금이 충분할 경우 비교적 젊은 사람(35세 이상)까지 대상을 확대했다. 다시 말해, 이 프로그램에서 '은퇴'는 나이와 직접 연관되지 않고, 누구나 투자 여력만 있다면 은퇴비자를 발급받을 수 있는 것이다.

또한 미군이 1990년대 초까지 필리핀에 주둔했기 때문에, 필리핀 은퇴 비자 프로그램에는 미군 퇴역병을 위한 특별 항목이 있다. 이 덕분에 미군 퇴역병은 훨씬 적은 예치금으로 비자 발급 혜택을 누릴 수 있다. 일반 외국 시민은 (연금 없이) 2만 달러를 예치해야 비자가 발급되지만, 50세 이상의 미군 퇴역병은 월 800달러의 연금과 1500달러의 예치금만 있으면 비자가 발급된다.[9]

요약하자면, 필리핀은 소득 극대화를 위해 외국인 관광객, 은퇴자 유치와 자국 노동력 해외 송출을 국가 차원에서 촉진하고 관리했다. 특히 미국 식민지배를 받은 필리핀은 많은 자국민들을 이주노동자로서 미국으로 보내고, 잠재적 은퇴자인 미군 장병들을 유치할 수 있었다. 이러한 자국민 해외 송출은 필리핀 정부가 귀환이주자의 투자를 유도해 국가 경제를 활성화할 수 있는 기회를 제공했으며 미군 퇴역병 역시 필리핀이 활용할 수 있는 또 다른 인적 자원이 되었다.[10]

은퇴이주 프로그램 개혁

아로요 정권(2001~10)이 들어서면서 초국적 이주 관련 국가 정책은 다시 한 번 전환기를 맞았다. 아로요는 스스로를 "수익을 창출하는 '글로벌 기업'의 CEO"라고 선언하면서 국가 재정 수익을 극대화하기 위한 신자유주의 경제정책을 적극 도입했다.[11] 일례로 2001년 해외취업을 "국내 노동력을 위한 적절한 옵션"이라고 공표하면서 적극적으로 장려했다.[12] 흥미로운 점은 아로요 정부가 노동력 수출정책과 더불어 은퇴비자 프로그램을 주요 정책으로 인식했다는 점인데, 아로요는 가까운 미래에 이 은퇴비자 프로그램이 노동력 수출정책만큼이나 중요해질 것으로 내다보았다.[13]

아로요 정부는 언론을 통해 은퇴이주의 중요성을 강조하면서, 외국인 은퇴이주 비자 신청자를 추가로 확보하기 위한 여러 정책을 발표했다. 가장 두드러진 변화는, 은퇴비자 소지자를 늘린다는 명목으로 외국인이 필리핀 은행에 의무적으로 예치해야 하는 금액을 줄인 것이다. 기존에 미화 7만 달러(35-50세 미만의 경우)와 5만 달러(50세 이상의 경우)였던 예치금을 2006년 각각 5만 달러와 2만 달러로 하향 조정되었다. 2009년에는 은퇴청이 연령에 따른 예치금 차등 적용을 폐지하면서, 35세 이상의 외국인은 누구든지 미화 2만 달러만 예치하면 은퇴비자 발급이 가능해졌다.[14]

이러한 정책 변화로 인해 은퇴비자 소지자가 급증했다. 1985년부터 2005년까지 은퇴비자 소지자는 1만 2,000명 수준이었다.[15] 하지만 2006년과 2009년 사이, 9,000여 명이 은퇴비자를 신규 발급받으면서 비자 소지자는 2만 1,000여 명으로 늘었다. 은퇴청 자료에 따르면, 신규 발급자는 1995년 1,027명으로 1천 명대를 유지하다가 2007년에 2,128명으로 대폭 늘었으며 그 뒤로 3,076명(2012년), 3,956명(2014년)으로 줄곧 상승세를 유지했

2000

다. 은퇴비자 소지자 수의 증가에 따라 국가 수익도 지속적으로 늘어났다. 은퇴청의 직접 소득은 대부분 필리핀 은행에 예치된 미화에서 발생하는 이자수익이다.[16]

은퇴비자 소지자 급증에는 한국인들이 중요한 역할을 담당했다. 2006년과 2007년경 한국 언론을 통해 필리핀 은퇴비자가

2016년 필리핀 은퇴청 보고에 따르면 그해 해외로부터 이주한 은퇴비자 소지자 중에 한국인의 비중이 2위를 차지했다. (출처: PRA(2016), Annual Report, 46.)

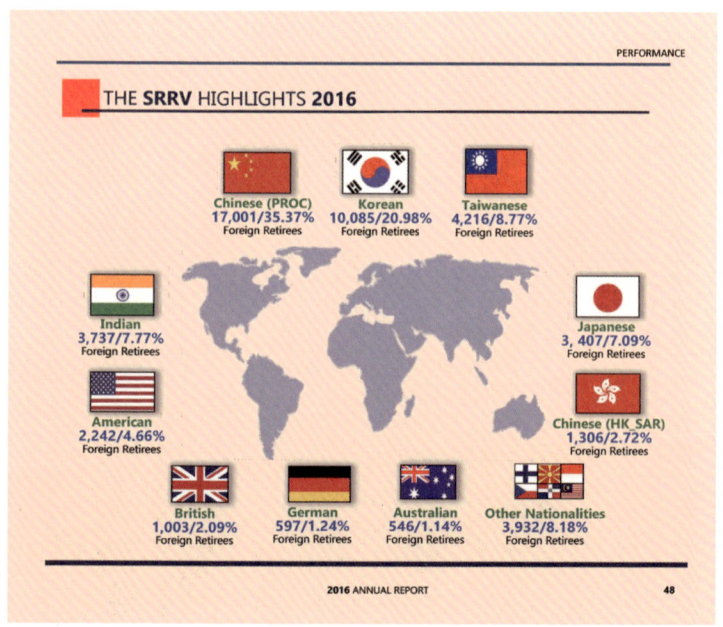

홍보된 이래로 한국인 은퇴비자 신청자는 2005년 371명에서 2006년 1,178명으로 늘어났다.[17] 은퇴청에 따르면, 2013년 기준 총 6,681명의 한국인 은퇴자들과 그들의 부양가족이 은퇴비자를 취득했다.[18] 한국인은 전체 필리핀 은퇴비자 소지자의 20퍼센트를 차지하며 국가별 순위로는 중국에 이어 2위를 기록하게 된다. 은퇴청에 따르면 매년 400명에 가까운 한국인이 은퇴비자를 신규 발급받았다.[19]

투자자에서 가치 있는 소비자로의 전환

필리핀 정부가 외국인 은퇴자들을 어떤 시각으로 보는지를 파악하기 위해서는, 은퇴이주 프로그램 이전에 발릭바얀(귀환이주자) 프로그램이 있었다는 사실에 주목해야 한다. 과거 발릭바얀이 조국의 경제를 구해줄 잠재적인 투자자로 여겨졌던 것과 마찬가지로, 외국인 은퇴자도 잠재적 투자자로 높이 평가받았다. 그런 맥락에서 은퇴청은 2001년부터 2009년까지 무역산업부 투자위원회 BOI, Board of Investments의 관리 및 감독을 받았다.[20]

2010년 이후, 은퇴청의 관리·감독기관이 관광부 DOT, Department of Tourism로 바뀌었다는 점은 시사하는 바가 크다. 이는 외국인 은퇴자에 대한 필리핀 정부의 시각이 '투자자'에서

'가치 있는 소비자'로 바뀌었음을 뜻하기 때문이다. 관리·감독기관이 바뀌면서 은퇴청의 목표는 "필리핀을 노인친화적이고 경쟁력을 갖춘 국가로 만드는 것"으로 수정되었다.[21] 은퇴청의 2016년 연례 보고서에 따르면, 2009년의 정책 개혁 이전에는 은퇴가 단순히 국가 수입을 보장하는 하나의 비자 상품이었다. 하지만 2009년 이후, 은퇴와 고령화는 필리핀 정부 차원에서 외국인 관련 정책 개발 및 홍보 내용을 결정짓는 중요한 국가적 키워드가 되었다. 다시 말해, 필리핀 정부는 스스로를 노인친화적 국가로 선언하면서 양로원이나 관련 의료 서비스의 잠재적 소비자로 외국인 고령자를 인식하게 되었고, 이에 따라 은퇴자들이 환영받게 된 것이다.

노인친화적 국가로의 도약 프로젝트는 단순히 국가 주도 사업을 넘어서, 정부와 산업계가 힘을 합치는 전국적인 사업으로 성장한다. 은퇴청은 민관협력의 '트윈 전략'이라는 표현을 쓰면서, 정부와 민간 분야가 노인친화적 시설과 서비스 개발에 동참하는 프로젝트를 만들기 시작한 것이다.[22]

이를 위해 정부는 민간기업 주도의 필리핀 은퇴법인 PRI, Philippine Retirement Incorporation을 설립하고, 민간기업과 더불어 외국인 은퇴자를 모집하기 위한 노인친화 프로그램을 개발해나가기 시작했다. 다시 말해, 필리핀 정부가 민간기업의 "조종사" 그리고 정부 소유 법인의 "길잡이"가 된 것이다.[23]

은퇴비자 소지자와 요양 서비스가 결합·연계된, 필리핀의 대표적인 양로원의 홈페이지

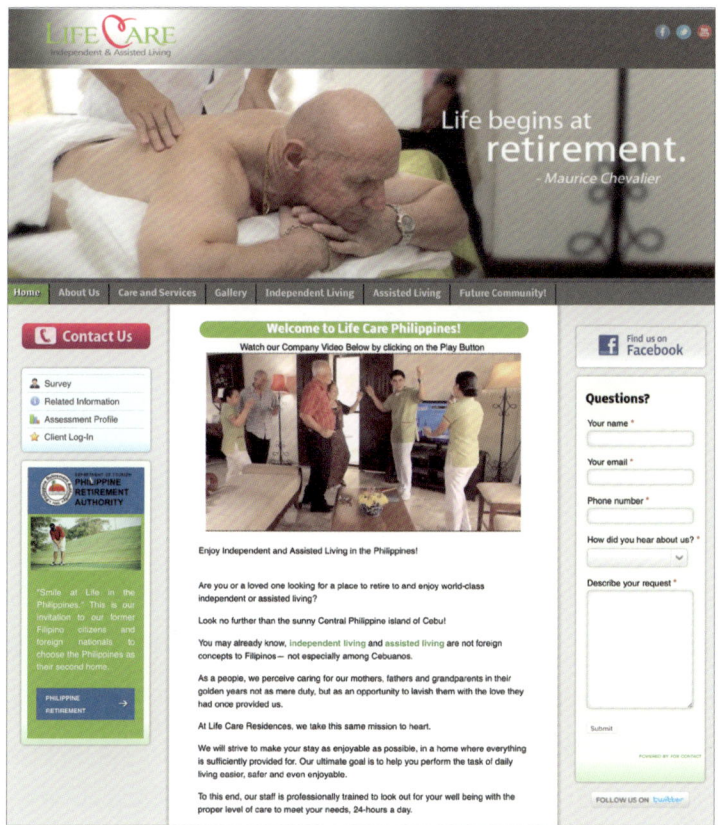

이뿐 아니라 민간기업과 손을 잡고 외국인 고령 은퇴자를 유치하기 위해 민간 은퇴시설과 비즈니스 협약을 체결하기도 했다. 일례로 필리핀 정부는 50세 이상의 외국인, 특히 별도의 도움이 필요한 외국인을 위해,[24] 지역 병원, 돌봄 전문시설, 부동산 개발업체와 협약을 맺어 돌봄 서비스가 가능한 객실이 있는 그들 전용의 거주시설과 최첨단 의료시설을 건설하기에 이른다.[25]

이후 양로원의 숫자가 급증하고, 아얄라랜드 Ayala Land 같은 대형 건설사들이 관련 시설 건립에 동참했다. 2015년과 2016년 사이에만 양로원 22곳이 신축되었고, 2016년 기준으로 은퇴청의 인가를 받은 양로원은 67곳에 달한다.[26] 더불어, 필리핀 정부는 팔라완 섬을 필리핀 관광경제특구로 지정해 몇 년 안에 대규모 은퇴시설들을 추가 건설할 계획에 있다.[27]

타깃 인구는 누구인가

이처럼 외국인 은퇴자가 환영받게 되면서, 외국인 고령자와 현지 필리핀인이 어떤 이미지로 재현되는지 살펴보자. 은퇴청과 토지 개발업체 같은 이해당사자들은 외국인 은퇴자들이 "특정한 기질, 선호도, 행동패턴을 갖고 있다"고 인식해 이들을 "특별히 지정된 구역 안에 '가두는 lock' 전략을 사용한다".[28] 이를테면, 아얄라랜드는 일본의 고령자들이 "욕조가 마련된 일본식 욕실"을 선호하고 "생활습관이 덜 활동적이며 (…) 해변과 가까운 곳을 선호"[29]하는 것으로 추정하면서, 현재 세부 섬의 고급 택지에 일본인을 위한 호화주택을 짓고 있다. 다시 말해, 필리핀의 정부, 기업 등 다양한 이해당사자들은 외국인 고령자들을 본국 문화가 반영된 고급 시설에서 느긋한 생활을 즐기고자 하는 부유한 개인으로 보는 경향이 있다. 그런 의미에서 필리핀 은퇴비자 소지자들이 사업을 통해 수익을 올리지 못하게끔 규제 받는다는 사실은 놀랍지 않다.[30]

외국인 고령자들이 부유한 소비자로 인식되는 반면, 필리핀인들, 그중에서도 특히 필리핀 여성들은 가정부와 간호사 역할을 수행하며 외국인 고령자들에게 서비스를 제공할 수 있는 완벽한 인력으로 인식된다. 필리핀 정부는 따뜻함, 친절함, 유순함 등 필리핀 여성이 가진 성향이 글로벌 보건업계 노동자에게 적합한 자질이라고 예전부터 주장해왔다.[31] 필리핀 정부는 비슷한 맥락에서 필리핀 여성 가정부들과 간호사들이 '노인친화적'인 나라로의 도약을 도와줄 중요한 인력이라고 강조한다.

말레이시아

이주 체제의 양극화

말레이시아는 글로벌 시장 논리에 따라 인구 집단을 분류하고 선별함으로써 국가 주권이 어떻게, 이동하는 인간 주체를 통치하는지 보여주는 적절한 사례를 제시한다.[32] 물론 이주민의 권리와 혜택을 (재)정의하여 시민과 비시민을 구분하고 관리하는 방식은 모든 국가가 행하는 것이다. 하지만 말레이시아의 경우, 국가권력이 시민과 비시민을 구분하는 것에 그치지 않고 비시민 집단 내에서도 계층을 엄격히 구분하는 양극의 이주 체제를 다른 어느 국가보다 명시적으로 유지하고 있다.[33]

신자유주의 시장 논리에 따라 이주 체제를 재편하는 강력한 국가권력은 말레이시아의 정치사에서 그 뿌리를 찾을 수 있다.

말레이시아 정부는 해외자본 의존과 민영화를 통한 고성장과 수출 주도 산업화를 강조해왔다.[34] 다시 말해, 아시아 외환위기 전의 산업화 과정에서부터 강력한 민족국가 논리와 신자유주의 경제 논리가 공존해왔다. 이에 따라 정부의 강력한 주도하에 해외직접투자와 민영화 등 경제 성장을 위한 신자유주의 정책이 '선별적'으로 실시되어온 것이다.[35]

이러한 상황 속에서 비시민 이주자들은 시장 논리에 따라 정부의 통제와 관리를 받아왔다. 다시 말해, 말레이시아의 이민 규제 체제는 "이주자가 지닌 잠재적인 경제 기여도를 바탕으로 그들을 여러 범주로 분류하는 것이다".[36] 물론 이러한 계층 구조의 양극단에는 숙련 노동자와 비숙련(미등록) 노동자가 존재한다.

예컨대 말레이시아 정부는 미등록 이주노동자에게 가혹한 조치를 하는 것으로 악명 높다. 정부가 민족주의 성향의 민간단체에 미등록 노동자 체포와 구금을 용인해, 대부분 인도네시아인으로 구성된 미등록 노동자들이 폭력과 학대에 속수무책으로 노출되었다는 보고가 있을 정도다.[37] 이러한 탄압은 이주노동자를 유연하게 통제하기 위한 수단 중 하나다. 즉, "경기침체 시에는 잉여 노동력을 손쉽게 '처분'하고 호황 시에는 미등록 노동자 유입에 눈감아 노동력을 빨리 늘리는 한편, 영구적인 이주는 차단"하기 위한 목적인 것이다.[38] 미등록 이주노동자에 대한 정책과는 정반대로, 고급 인력에게는 거주권과 고용주 변경 권리를 비롯한 폭넓은 권리를 전략적으로 허용함으로써 인재 유치에 앞장섰다.

이러한 양극적인 이주 체제를 감안할 때, 은퇴비자를 소지한 외국인들은 여러 권리와 혜택을 누리고 자격을 인정받는 이민자에 속한다. 예를 들어 말레이시아 정부는 '실버 헤어 프로그램 Silver Haired Program'이라는 은퇴이주 비자를 1990년대 도입한 이래로 50세 이상의 부유한 유럽인과 일본인 유치에 힘을 기울여왔다.[39]

1990년대 이민국에서 운영한 실버 헤어 프로그램은 싱글일 경우 매달 7천 링깃(미화 1,720달러) 이상의 연금을 받는 자, 또는 10만 링깃(미화 2만 4,580달러)을 말레이시아 은행에 예치한 자에게 5년짜리 거주 비자를 제공하는 프로그램이다.[40] 프로그램 참여자들은 소득활동은 할 수 없지만, 연금과 해외 소득에 대한 세제혜택이 주어졌고 최소 10만 링깃 이상의 부동산 매입이 허락되었다.[41] 요약하자면, 은퇴자들은 소득활동을 벌일 수 없고 일정 금액 이상의 부동산만 구입할 수 있었다. 이처럼 부유한 외국인 고령자들은 비시민임에도, 소비 능력을 통해 국가 경제에 기여할 수 있는 가치 있는 소비자로 간주되어 적극적인 유치 대상자가 된 것이다.

말레이시아 관광문화부 MOTAC, Malaysian Ministry of Tourism and

Culture가 제공하는 비자 발급 자료는 1996년 이후부터 확인 가능하므로 1996년 이전의 은퇴비자 신청자와 발급자 규모는 알 수 없다.[42] 많은 연구자들이 실버 헤어 프로그램의 시작점을 1996년으로 삼는 것은 이런 이유 때문이다.[43] 확인이 가능한 1996년 이후 자료에 따르면, 기존의 실버 헤어 프로그램은 유럽과 일본 출신 고령자들을 위해 설계되었으나 2000년까지 비자 발급자가 900명이 채 안 되는 등 성공을 거두지는 못했다.[44]

이에 말레이시아 정부는 1990년대 말부터 더 많은 외국인 은퇴자들을 유치하기 위해 적극적인 정책 개혁을 단행했다. 물론 은퇴비자 프로그램 관련 정책 개혁은 1997년 아시아 외환위기로 인한 정치적·경제적 변화와 긴밀히 연계된다. 외환위기 탓에 내수 시장이 위축되자 구매력이 약해진 말레이시아 중산층을 대체할 새로운 소비자로 외국인을 주목한 것이다.[45] 예컨대 1999년과 2002년에는 개혁을 단행해 말레이시아 은퇴비자를 신청할 수 있는 국적과 연령 제한을 철폐하면서 비자 취득자 수를 늘리기 위해 노력했다.[46] 또한 2002년 개혁에 따라 기존의 실버 헤어 프로그램은 말레이시아 마이 세컨드 홈MM2H, Malaysia My Second Home(이하 '세컨홈비자') 프로그램으로 대체되고, 이민국과 관광문화부 MoTAC, Ministry of Tourism and Culture가 이 프로그램의 공동 감독기관이 되었다.[47]

선별된 부유층 외국인 체류자

압둘 아지즈는 말레이시아 은퇴비자 프로그램의 변화를 다룬 연구에서, 세컨홈비자 프로그램의 변화를 "대중을 겨냥한 것이 아니라 가장 부유한 은퇴자를 선별하는 방식으로의 전환"이라고 요약했다.[48] 더욱더 부유한 외국인을 선별해내기 위해 예치금을 지속적으로 상향 조정해왔기 때문이다.

예를 들어 2006년, 재정 요구사항이 엄격해지면서 50세 이상의 신청자는 월 1만 링깃(미화 2,450달러)의 소득, 혹은 15만 링깃(미화 3만 6,870달러)의 예치금을 증명해야만 했다. 또한 50세 미만의 신청자는 30만 링깃(미화 7만 3,750달러)의 예치금을 맡겨야 했다. 재정 요구사항이 까다로워진 대신 혜택이 늘어나 비자 소지자는 10년간 말레이시아에 거주할 수 있게 되었다. 이 재정 조건을 유지하는 한, 횟수에 상관없이 갱신이 가능하기 때문에 사실상 영구적으로 거주할 수 있게 된 셈이다. 또한 세컨홈비자의 모든 운영을 관광문화부 단독 관할로 변경하고 원스톱센터One-stop Center를 열어 이 은퇴비자 소지자에게만 특별히 간소화된 비자신청 창구를 사용할 수 있는 권한을 제공하기에 이르렀다.[49]

2009년, 세컨홈비자 프로그램의 재정 요구사항은 "순자산이 많은 개인을 유치하기 위해" 또 한 번 상향 조정되었다.[50] 이에 따라 50세 이상의 신청자는 월 1만 링깃(미화 2,450달러) 이상의 소득과 35만 링깃(미화 8만 6,040달러)의 유동자산을 증명해야 하고, 승인을 받을 경우 15만 링깃(미화 3만 6,870달러)을 은행에 예치해야 한다. 50세 미만의 신청자는 더 많은 재산을 증명해야 하는데, 월 1만 링깃(미화 2,450달러)의 소득과 50만 링깃(미화 12만 2,910달러)의 유동자산을 증명하고, 승인을 받을 경우 30만 링깃(미화 7만 3,750달러)을 예치해야 한다. 그 대신 혜택이 늘어나 소득활동 금지 규정이 폐지되었다. 따라서 50세 이상의 비자 소지자 중에서 숙련 노동자와 전문가는 특정 산업 분야에서 일할 수 있게 되었고,[51] 부동산 임대를 통한 소득활동 또한 벌일 수 있게 되었다.[52]

요약하자면, 재정 요구사항을 계속 상향 조정하여 '씀씀이가 큰 외국인'을 관광객이자 장기 체류자로 유치하는 동시에,[53] 투자와 상품 소비를 통해 큰돈을 지출할 잠재력을 지닌 이들 외국인에게는 소득활동 참여의 '자유'를 보장하는 것이다.

참고로 정부가 재정 요구사항을 상향 조정한 2006년에는 세컨홈비자 신청자가 소규모로 감소했지만, 재정 요구사항을 한 차례 더 상향 조정한 2009년 이후에는 세컨홈비자 신청자의 수가 오히려 증가한 것을 볼 수 있다. 주요 신청국은 중국, 일본, 방글라데시, 영국, 싱가포르지만 한국인의 수도 무시할 수 없다. 한국은 최근 신청자가 빠르게 증가하면서 2017년에는 전체 국가 중 2위를 차지했다(참고로 2002년 한국인 신청자 수는 2명에 불과했지만 2015년에는 120명, 2017년에는 이 조사를 마친 8월까지의 수치만 해도 278명에 달한다). 2017년 8월 기준으로 거의 1,500명의 한국인이 세컨홈비자 비자를 발급받았다.[54]

필리핀 프로그램과의 비교

말레이시아의 세컨홈비자와 필리핀의 은퇴비자를 비교해보면 국가별 프로그램의 특징이 명확히 드러난다. 필리핀과 말레이시아의 가장 분명한 차이점은 외국인 은퇴자에게 요구하는 재정 증명 능력의 크기다. 필리핀은 말레이시아보다 재정 요구사항이 낮을 뿐 아니라, 여러 차례의 정책 개혁을 통해 소득이나 예치금 요구사항을 하향 조정했다. 그에 반해 말레이시아는 재정 요구사항을 여러 차례 상향 조정했다. 따라서 두 나라는 공통적으로 비교적 부유한 외국인 은퇴자들을 가치 있는 소비자로 인식하고 있지만, 그 기준과 유치정책에 있어서는 각각 입장이 다르다.

예컨대 말레이시아는 필리핀보다 높은 재정 요구사항을 적용해 매우 부유한 외국인들을 유치하려는 의사를 분명히 하고 있다. 또한 비록 한정된 분야이긴 하지만 세컨홈비자 소지자들

2002-2017 세컨홈비자 신청자 상위 10개국

	중국	일본	방글라데시	영국	한국	이란	싱가포르	대만	파키스탄	인도	기타	합계
2002	241	49	0	108	5	0	96	38	9	45	227	818
2003	521	99	32	159	12	2	143	95	55	123	404	1,645
2004	468	42	204	210	66	8	91	140	82	118	488	1,917
2005	502	87	852	199	60	7	62	186	104	80	476	2,615
2006	242	157	341	209	65	9	94	63	36	51	462	1,729
2007	90	198	149	240	151	59	58	31	31	46	449	1,502
2008	120	210	68	208	86	227	48	16	65	32	433	1,513
2009	114	169	86	162	54	212	61	36	103	35	546	1,578
2010	154	195	74	141	49	227	73	49	77	51	409	1,499
2011	405	423	276	153	64	286	78	70	136	50	446	2,387
2012	731	816	388	139	85	201	83	85	100	56	543	3,227
2013	1,337	739	285	148	98	51	145	151	58	41	622	3,675
2014	1,307	428	250	117	137	17	94	83	51	42	548	3,074
2015	719	300	205	83	120	19	67	71	31	46	550	2,211
2016	1,512	281	283	110	184	8	93	77	29	68	702	3,347
2017.8	1,439	179	253	113	278	18	60	80	25	53	586	3,084
합계	9,902	4,372	3,746	2,499	1,514	1,351	1,346	1,271	992	937	7,891	35,821
비중	27.6%	12.2%	10.5%	7.0%	4.2%	3.8%	3.8%	3.5%	2.8%	2.6%	22.0%	100%

의 소득활동을 허락하여, 씀씀이가 큰 외국인에 한해서는 말레이시아 내에서 돈을 버는 것까지 허용하는 입장을 보이고 있다.

재정 요구 규모의 차이는 외국인 은퇴자들의 부동산 매입에 정부가 관여하는 방식의 차이로까지 확장된다. 말레이시아 정부는 은퇴비자 소지자에게 미화 30만 달러 이상의 부동산 매입을 요구하는 반면, 필리핀 정부는 미화 5만 달러 이상의 부동산 매입을 요구한다. 다시 말해 말레이시아의 경우 더 비싼 부동산을 구매하도록 강권하고 있는 셈이다. 또한 비싼 부동산(주로 콘도미디엄의 형태)을 외국인 은퇴자들을 겨냥한 신도시에 집중 건설하고, 이 부동산을 중심으로 값비싼 편의시설을 배치시켜 부유한 외국인들이 특정 지역에 모여 살며 값비싼 소비 생활을 할 수 있도록 유도하고 있다. 외국인 은퇴자들을 고급상품의 구매자로 바라보고 있기 때문에 이런 일련의 정책적 시도가 이루어지고 있는 것이다.

말레이시아와 필리핀의 이러한 정책적 차이는 외국인 은퇴자에게 자국을 홍보하는 방식의 차이로도 이어진다. 필리핀의 경우, 은퇴청 브로슈어 광고를 통해 "합리적인 가격으로 가능한 편안한 생활과 필리핀 사람들만이 제공해줄 수 있는 따뜻한 보살핌"을 누릴 수 있다고 강조하면서 노인친화적 분위기를 부각한다. 여기서 '따뜻함'과 '보살핌'은 분명 여성성을 강조한 특징이다. 반면 말레이시아는 노인친화적 분위기나 돌봄 서비스를 전면에 내세우지 않는다. 세컨홈비자 웹사이트는 말레이시아를, 비록 이슬람교를 국교로 삼고 있지만 종교적 자유가 보장된 다민족 국가이자 다문화 감수성을 지닌 국가로 소개한다. 필리핀이 외국인 은퇴자들을 유치하기 위해 여성성이 두드러진 인력 구성을 강점으로 내세운다면, 말레이시아는 다양한 민족 구성을 강조하면서 폐쇄적인 이슬람 문화와 선을 긋는다. 이슬람교를 이슬람 근본주의와 혼동해 겁을 먹거나 배척하는 서구인들이 많기 때문이다.[55]

태국

베트남전쟁부터 1997년 아시아 외환위기까지

태국의 은퇴비자 프로그램을 이해하기 위해서는 냉전시대까지 거슬러 올라가야 한다. 베트남 전쟁을 계기로 미국과 태국은 미군의 '휴식과 레크리에이션R&R, Rest and Recreation' 협약을 맺었다.[56] 이에 태국은 미군 병사들에게 휴양을 제공하고 미국은 그에 대한 경제적 대가를 지급하게 되었다. 이때부터 태국은 미군을 위한 술집과 나이트클럽이 집중된 특별 구역을 만들기 시작했고 태국의 일부 도시는 서구 남성들, 특히 미국 남성 군인을 위한 유흥업과 성매매업이 고도로 집중된 관광지로 자리잡게 되었다.[57]

이에 따라 태국을 방문하는 미군 병사는 1966년 3만 3000명에서 1969년 7만 명으로 늘어났고 태국 내 성매매업 종사자도 2만 명에서 40만 명으로 급증했다.[58] 베트남전이 끝나 미군이 태국에서 철수한 뒤에도 태국 관광산업은 계속 성매매업을 통해 유지되었으며, 태국의 많은 주요 관광지는 서양인 남성들, 특히 베트남전에 참전했다가 전역한 군인들로 가득차게 되었다. 다시 말해, 정부가 외국인 고령자들을 대상으로 장기체류 비자 프로그램을 본격적으로 실시하기 이전부터 태국 내에는 비교적 나이 많은 외국인들, 특히 서양인 남성들이 많이 살고 있었다는 것이다.[59]

 은퇴자들을 대상으로 한 장기체류 비자 프로그램이 생겨나게 된 데에는 유흥업과 성매매업으로 대표되는 태국의 관광지 이미지를 쇄신하고자 하는 태국 정부의 의지가 한몫을 했다. 베트남전 당시, 태국 내무부는 성매매업이 국가 경제에 기여한다는 사실 때문에 명시적으로 성매매업 종사자들과 그들의 고객, 즉 미군의 수가 증가하는 것을 긍정적으로 평가했다.[60] 하지만 전쟁이 끝난 뒤에는, 태국이 저가의 성매매 관광지로만 알려지는 것이 다양한 외국인 관광객 유치에 그다지 도움이 되지 않는다는 사실을 깨달았다.[61] 이에 따라 모든 종류의 성매매 관광에 반대한다고 선포하는 등 태국 관광의 새로운 이미지를 만들기 위해 노력했다.[62] 그리고 성매매 목적으로 태국을 찾는 외국인 관광객들을 맹렬히 비난하는 한편, 정부가 환영하는 새

태국 방콕의, 리틀 토쿄'라고 불리는 팟퐁 유흥지구 (2018)

로운 외국인 체류자의 범주를 발표하기에 이르렀다. 여기에 포함된 것이 의료관광객, 은퇴자, 교육이주민이다.

태국 정부가 1998년 장기 체류 비자 프로그램을 실시하게 된 배경에는 환영받는 외국인 방문객에 대한 이러한 인식 변화와 1997년 아시아 외환위기로 인한 재정난이 있다. 태국은 말레이시아와 마찬가지로 산업화 과정에서 "국가정책을 통해 민간 및 국내 자본을 강화하기보다는 외국인 직접 투자에 의존해왔다".[63]

외국인투자에 대한 과도한 의존은 1997년 아시아 외환위기 당시 참담한 결과를 낳았다. 해외 자본이 순식간에 국외로 빠져나가 국내 자금이 바닥났기 때문이다. 이러한 맥락에서 말레이시아와 마찬가지로, 태국 정부는 장기적으로 국가 경제에 기여할 수 있는 외국인들에게 눈을 돌리기 시작했다. 이 외국인들은 투기를 조장하는 투자자나 성매매를 목적으로 하는 단기 체류 관광객이 아니라 은퇴이주자와 의료관광객 등으로 인식되었다.[64]

즉, "환영받는" 외국인은 치료 등의 특정한 목적을 갖고 비교적 장기간 태국에 체류하며 관련 서비스와 시설 이용에 기꺼이 돈을 쓸 의향이 있는 사람으로 분류할 수 있다.[65] 그리하여 태국 정부는 1997년 외환위기 이후 의료관광을 장기 체류 외국인을 유치하기 위한 수익성 좋은 사업으로 인식하고 이에 대한 대대적인 홍보로 민간병원을 지원사격했다. 예컨대 외환위기 이후, 범룽랏 병원 Bumrungrad Hospital과 사미티벳 수쿰빗 병원 Samitivej Sukhumvit Hospital 같은 대형 민간병원들이 파산 위험에 직면하면서 외국인 환자 유치에 박차를 가하기 시작했고[66] 이를 정부가 적극 지원하게 된다. 태국 정부의 지원조치 중 하나가 바로 외국인 환자의 비자 발급 절차를 간소화하기 위해 1998년 도입한 장기 체류 및 의료 프로젝트 Long-stay and Health Care Project다. 이 같은 일련의 새로운 제도는 태국 관광산업 전반에 큰 영향을 미치게 된다.

외국인 고령자를 위한 장기체류 비자

태국 정부는 의료관광뿐 아니라 은퇴자를 타깃으로 하면서 관광산업 부흥에 애쓰기 시작했는데 이를 위한 방안으로 2001년 비이민 비자 O-A(이하 O-A)를 신설하기에 이른다. 이 비자는 1년짜리 체류 비자(갱신 가능)로, 50세 이상 외국인이 미화 2만 5,000달러를 태국 은행에 예치하거나 월 2,100달러의 연금 소득을 증명하면 발급 받을 수 있다.[67] 단순 체류 비자로 태국 내에서 모든 형태의 소득활동은 금지된다. O-A 비자 항목의 신설에 따라 외국인 비자 소지자들은 2014년 기준 6만 명으로 늘어

30000
9200

ใบสำคัญถิ่นที่อยู่
Certificate of Residen

(ดูหน้า ๒๑)
see page 21

ตม. ๑๖

났다. 비자 신청자가 가장 많은 나라는 영국이며 미국, 독일, 스위스, 일본이 그 뒤를 따르고 있다.

새로운 비자 항목 도입과 함께, 태국 정부는 "태국 장기 체류 매니지먼트사TLM, Thai Longstay Management Corporation"를 정부-민간 벤처기업 형태로 설립하여 고객 맞춤형 서비스와 시설을 개발하기 시작했다. 프라탁 시마피차이체스Pratak Simapichaicheth TLM 회장은 언론 인터뷰에서 이러한 서비스 확대가 외국인 고령자의 급증으로 이어질 것이라 예상하며 "장기 체류 관광객들은 항공료를 제외하고 한 달에 적어도 5만 바트씩 소비하므로, 우리의 목표는 단지 관광객 숫자를 늘리는 것이 아니라 이들이 오랫동안 태국에 머물도록 하는 것"이라고 말했다.[68]

TLM 회장이 전하는 메시지는 분명하다. 구매력을 지닌 외국인 고령자들이 안정적인 소비자가 될 수 있기 때문에, 태국은 새로운 특별 비자 발급을 통해 이들을 더 오랫동안 국내에 묶어두고자 하는 것이다. 이뿐 아니라 외국인 고령자들이 환영받는 이유는 단순히 구매력을 지녀서가 아니라, 태국 정부가 중점 사업으로 여기는 부동산 개발과 의료업에 집중적으로 돈을 쓸 것으로 예상되기 때문이다. 예컨대 외국인이 부동산을 소유할 수는 없지만 최대 30년까지 콘도를 임대할 수는 있다.[69] 이 때문에 TLM은 부동산 개발업체와 손잡고 외국인 고령자 전용 콘도 건설 협약을 맺고, 방콕 내에 일본인 고령자를 위한 "미니 태국 장기 체류 매니지먼트사 TLM, Thai Longstay Management Corporation 홈페이지

도쿄" 콘도를 건설한 바 있다.[70] 즉 외국인 은퇴자들이 호화 거주시설을 구매하고 인근에서 관련 서비스 시설을 이용하도록 하여 특정 지역의 경제 활성화를 도모하는 것이다.[71]

필리핀, 말레이시아와 같이 태국 정부도 은퇴비자 신설 뒤 몇 차례 정책개혁을 단행해 은퇴비자 유치에 박차를 가하게 된다. 예를 들어 2016년 태국 정부는 비이민 비자 "O-X"(이하 'O-X')라는 새로운 프로그램을 도입해 50세 이상 외국인에게 갱신 가능한 10년 체류 비자를 발급하기 시작했다. 체류 기간이 늘어난 만큼 재정 요건도 강화되었는데, 신청자는 300만 바트(미화 9만 2000달러)를 예치하거나 월 10만 바트(미화 3,050달러) 이상의 소득을 증명해야 한다. 또한 비자 적용 대상을 15개국 출신으로 엄격히 제한하고 있는데, 호주, 캐나다, 중국, 영국, 프랑스, 독일, 인도, 이탈리아, 일본, 노르웨이, 스웨덴, 스위스, 네덜란드, 대만, 미국이 여기에 속한다.[72]

O-X 프로그램의 도입과 홍보는 은퇴자들의 "질"에 대한 우려와 환영받는 은퇴이주자에 대한 태국 정부의 재평가를 반영한다. 태국 정부는 오랫동안 은퇴자들의 "질" 관리에 관심을 보였다. 일례로 한 지역 신문과의 인터뷰에서 TLM 자문인 봉팁 춤파니Vongthip Chumpani는 외국인 급증 현상에 우려를 표명하며 모든 외국인이 환영받는 것은 아님을 주장한 바 있다. 그는 구체적으로 "자국에서 생존할 수 없어 태국으로 넘어오는 기이한

외국인들"이라는 표현을 쓰면서[73] 허름한 태국 마을에서 태국 현지인과 동거하며 살고 있는 자들(주로 서구 출신 남성들로 추정할 수 있다)에 대한 우려를 표명했다. 이처럼 가난한 외국인의 수가 증가하는 것에 대한 우려로 탄생한 것이 O-X 비자라고 할 수 있다. 다시 말해 O-X 프로그램을 도입해 소비력이 좋은 "질" 높은 외국인들에게 특혜를 제공해 그들을 태국에서 근근이 먹고 사는 "기이한" 외국인 은퇴자들과 차별화하려는 것이다.

3

Retirement Migration & Graduated Citizenship

은퇴 이주와 등급화된 시민권

환영받는 외국인,
은퇴이주자

　　　　　　　　　　이 장에서는 2장에서 소개한 동남아시아 3국의 은퇴비자 프로그램을 요약 정리하여 외국인 고령자가 이들 국가에서 값진 자원이자 환영받는 외국인으로 부상한 과정을 집중 조명해보고자 한다. 특히 인류학자인 아이와 옹의 '등급화된 시민권' 개념을 적극 차용하여 외국인 고령자들이 동남아시아 3국의 내수 경제에 활력을 불러올 인적 자원이자 문화적·도덕적 우수성을 증명해줄 증인들로 인식된다는 점을 강조할 것이다.[1] 나아가 이들이 지속적으로 값비싼 소비를 행할 수 있도록 동남아시아 3국이 추진하고 있는 다양한 통치 전략을 함께 소개한다.
　　신자유주의가 시장자유화와 민영화로 대표되는 경제정책이라고 주장하는 학자들은 신자유주의 경제정책의 심화로 국가의 힘이 궁극적으로 축소될 것이라 주장했다. 옹은 이런 시각을 반박하면서 국가가 신자유주의 정책을 추진하면서 오히려 그 통치 범위를 넓히고 통치력을 강화해나간다고 주장한다. 특히 국가 권력이 영토 내 인구를 경제적인 단위로 인식하면서 자국의 경제에 도움을 줄 잠재력을 가진 시민과 그렇지 않은 시민을 구분하고, 각 인구 집단에 대해 각기 다른 방식의 예외적인 주권을 행사하면서 국가 권력의 통치력을 강화해간다고 강조한다. 다시 말해 국가 경제에 기여할 잠재력에 따라 등급을 나누고("등급화된 시민권") 각 등급에 해당하는 인구에 대한 직접적인 관리와 개입을 통해 국가가 자신의 통치 범위와 권력을 확대해나간다는 것이다. 물론 이 글에서 살펴보는 은퇴이주자들은 동남아시아에서 "시민"으로 편입되지 않는 "비시민"이지만, 국가가 이들을 바라보는 시각이나 통치전략을 이해하는 데에도 옹의 개념은 유효하다.

동남아시아의 등급화된 시민권

국가가 비시민의 경우에도 등급을 나누고 그에 따라 차등적으로 대우한다는 말은, 단순히 자국의 경제적 이익을 위해 돈이 많은 외국인들에게 돈을 받아 체류권(비자)을 팔고 난민이나 미등록 노동자가 체류하지 못하게 막는다는 것을 뜻하진 않는다. 그보다는 해당 인구집단의 체류뿐 아니라 생산과 소비 활동 등에 직접적인 영향력을 발휘하기 위해 국가 권력이 다양하고 다변화된 통치기술을 펼친다는 말이다. 예를 들어, 국가 권력의 입장에서 "3D" 산업에 종사하는 미등록 노동자들은 기꺼이 저임금으로 자국민이 꺼리는 일을 도맡아 하는 사람들이기 때문에 언제나 추방의 대상으로만 볼 수 없다. 그렇기 때문에 국가 권력은 노동력이 부족할 때에는 암묵적으로 이들의 체류와 노동을 모른 척하고 있다가 그들이 필요 없어질 때 추방시키기 위해서 이들을 일상적인 폭력에 지속적으로 노출시키며 훈육 통치를 행사한다. 반면 고숙련 노동자나 높은 부가가치를 생산할 것으로 예상되는 이주자에게는 다양한 형태의 특혜를 부여하며 방임 통치를 벌이는 것이다. 다시 말해 국가가 비시민 이주민을 차등 대우한다는 말은, 단순히 국경을 이주민의 경제 자본에 따라 열고 닫는다는 의미가 아니라, 다양하고 다변화된 통치기술을 펼쳐 해당 이주민의 삶에 직접적으로 개입한다는 뜻이다.

이들 동남아시아 국가의 비시민 이주민의 선별, 통치 전략, 특히 은퇴 이주자를 대상으로 한 전략 수립의 배경에는 신자유주의 글로벌 경제체제로의 전환이 자리 잡고 있다. 앞 장에서 살펴본 바와 같이, 동남아시아 3국은 1980년대 신자유주의 글로벌 경제체제로 편입되기 시작하면서 외국인 은퇴자들을 유치해 국내 투자와 소비를 촉진하기 위한 은퇴이주 비자 프로그램을 도입했고, 1997년 외환위기를 기점으로 은퇴이주 비자 프로그램에 대한 대대적인 개혁을 단행했다. 이때 개혁은 은퇴이주 비자 프로그램을 단순 비자 프로그램이 아닌 국내 소비 활성화를 위한 중요 기간 산업으로 전환했다는 것을 의미한다. 1990년대 말부터 2000년대 초반까지 은퇴이주 비자 프로그램의 개혁과 국가 주도의 적극적인 추진은 은퇴이주 비자 발급자의 급속한 증가로 이어졌다.

태국의 어느 장기체류 매니지먼트사 대표가 2003년 언론 인터뷰에서 말한 내용을 보면, 은퇴이주 비자가 어떻게 국가기간 산업으로 부상했는지, 그리고 외국인 은퇴자가 어쩌다 중요한 비시민 이주자로 평가받게 되었는지 알 수 있다. "우리의 목표는 외국인 관광객의 수를 늘리는 것뿐 아니라 적어도 한 달에 일인당 5만 바트 이상 소비하는 장기체류 외국인들의 수를 늘리는 것이다."[2] 즉, 관광객과 달리 은퇴비자 소지자는 장기간 체류하는 외국인이자 일정 금액 이상을 정기적으로 소비할 능력을 가진 인적 자본으로 여겨졌기 때문이다. 또한 이처럼 정기적으로 소비할 능력을 가진 은퇴자는 곧 자신들의 국가나 기업으로부터 매달 일정 금액 이상의 연금을 받는 연금 생활자로 이해할 수 있다.

2015년 필자가 필리핀 은퇴청 전 사무총장과 진행한 인터뷰에서도 이와 흡사한 이야기를 들을 수 있었는데, 그는 은퇴청이 주요 고객으로 여기고 있는 집단이 "미국과 유럽 등지의 은퇴한 베이비붐 세대"라고 짚어 말하면서 이들 연금생활자들이 비자 프로그램의 주요 타깃임을 분명히 했다. 물론 필리핀과 말레이시아의 프로그램의 경우, 50세 이상의 상대적으로 고령의 인구들만 대상으로 하지 않기 때문에 은퇴이주 비자 소지자들이 모두 은퇴청의 주요 타깃인 것은 아니다. 하지만 두 국가 모두 공통적으로 매달 일정 금액 이상의 연금을 받으며 생산활동보다는 적극적 소비를 통해 자국 경제를 활성화시킬 수 있는 장기체류 외국인을 선호하고 있는 것이다. 그리고 이들 외국인 은퇴자에게 체류를 위한 비자를 주기는 하지만 시민권 취득의 길은 차단했기 때문에 장기적으로 이들이 국가에 사회보장 서비스를 요구할 가능성도 없다. 이런 이유 때문에 은퇴이주 비자 소지자들은 철저히 소비자로 환영받는 것이다.

특히 이들이 의료시설과 돌봄 서비스의 주요 소비자로 인식된다는 점에도 주목할 필요성이 있다. 옹의 '등급화된 시민권' 개념을 발전시켜 영국 켄트대학의 루카 마벨리는 신자유주의 국가가 단지 자국 경제를 위해서만 이주민을 선별하는 것이 아니라 자국의 문화적·도덕적 가치를 국제 사회에 널리 알려 국가의 평판을 높이기 위해서도 이주민을 선별하고 있다고 주장한다.³ 필리핀, 말레이시아, 태국 정부는 은퇴이주 비자 프로그램을 홍보할 때 공통적으로 자국의 질 높은 의료시설과 노인을 공경할 줄 아는 문화, 그리고 친절한 돌봄 노동 자원을 강조하고 은퇴이주를 선택한 이들을 (자국에 비해) 저렴하지만 질 높은 의료 서비스와 돌봄 노동을 선택한 현명한 소비자들이라 칭한다. 즉 은퇴이주 비자 프로그램을 선택한 자들은 다양한 서비스의 구매를 통해 내수 경제를 활성화할 소비자인 동시에 자국의 의료 과학 기술의 가치, 노인 공경의 도덕적 가치까지 증명할 수 있는 중요한 인적 자본이 되는 것이다.

은퇴자 유치를 위한 경쟁

이처럼 외국인 은퇴자들을 가치 있는 인적 자본으로 여기기 때문에 동남아시아 3국은 더 많은 은퇴자를 유치하기 위해 치열한 경쟁을 벌이기도 한다. 한 국가의 비자 프로그램 개혁이 다른 국가의 프로그램 개혁으로 이어지는 것이 그 예다. 2006년 말레이시아 정부가 세컨홈비자 개혁을 단행하면서 5년짜리 체류 비자를 10년짜리 비자(연장 가능)로 바꾸면서 혜택을 강화하자, 필리핀은 은퇴이주 비자 신청자들이 비자 신청 시 필리핀 정부에 내야 하는 예치금을 대폭 낮추는 조치로 대응했다.⁴

한편 2016년 태국이 기존 O-A 비자(연장 가능한 1년짜리 비자)와 달리 10년 체류가 가능한 은퇴자를 위한 새로운 장기체류 비자인 "비이민 O-X" 비자를 신설한 바 있는데, 이때 태국 부총리는 이 비자 프로그램을 신설한 이유로 말레이시아에서 연장 가능한 10년짜리 은퇴이주 비자 프로그램을 얼마 전 마련했기 때문이라고 소개했다.[5] 다시 말해 동남아시아 3국은 더 많은 외국인 은퇴자를 유치하기 위해 서로를 지속적으로 모니터링하고 은퇴자에게 매력적인 새로운 비자 프로그램을 만들기 위해 경쟁적으로 개혁을 단행하고 있는 것이다.

옹은 신자유주의가 인구를 경제적인 분석의 대상으로 인식하는 인적 자본에 관한 이론이라고 보는 푸코의 이론[6]에 기대어, 신자유주의 국가가 시민권을 등급화하고 각 인구에 대해 서로 다른 통치기술을 펼치고 있다고 주장했다. 동남아시아 3국의 외국인 은퇴자를 대상으로 하는 통치 형태는 크게 세 가지로 정리할 수 있다. 첫째, 은퇴자들에게 합리적 소비자라는 주체성을 부여하고 둘째, 이를 위해 특별한 혜택과 특수한 의무를 부여한다. 마지막으로 영토를 구획하여 이들 은퇴자들이 그들에게 부여된 혜택과 의무를 다할 수 있도록 배치시킨다.

첫째, 동남아시아 3국의 은퇴이주 비자는 모두 50대 이상의 상대적으로 나이가 많은 인구집단에 유리한 방식으로 추진된다. 50대 미만 인구집단에 비해 낮은 예치금을 책정해 적은 금액으로 비자를 딸 수 있도록 조치해놓았을 뿐 아니라 생산보다는 소비 활동을 유도하기 위해 이들을 합리적 소비자로 추켜세우고 있다.

예를 들어 필리핀 은퇴청장은 2017년 언론과의 인터뷰에서 이렇게 말했다. "몇몇 연금생활자들은 자국의 높은 물가 때문에 (필리핀에서) 은퇴를 하는 것이 더 경제적일 수밖에 없다. (…) 우리에게는 아주 뛰어난, 세계적으로 호평받는 돌봄 노동자와 간호사, 의사가 있기 때문이다."[7] 이 말은 두 가지 포인트를 강조하고 있는데 첫째, 이제 더 이상 소위 "제1세계" 출신의 은퇴자들의 연금이 자국에서 의료와 돌봄 서비스를 누리며 여생을 보내기에 충분치 않다는 점, 둘째, "제3세계"인 필리핀에 질 좋고도 저렴한 의료와 돌봄 서비스가 마련되어 있다는 점이다. 이 두 가지 요소를 강조하면서 합리적으로 판단해봤을 때 은퇴자들은 필리핀을 선택하는 것이 당연하다고 주장하는 것이다.

둘째, 각국은 은퇴이주 비자 소지자들이 누릴 수 있는 특별한 혜택과 특수한 의무사항을 구체적으로 마련하고 있다. 물론 이런 혜택과 의무는 모두 은퇴이주 비자 소지자들을 돌봄과 의료 서비스 소비의 합리적 주체로 세우기 위한 조치들이다. 가장 대표적인 예로, 은퇴이주 비자 소지자로 아무리 오래 해당 국가에 체류하며 경제적으로 기여한다 하더라도 이들이 시민으로 통합될 길은 열어놓지 않았다. 시민으로 통합될 가능성이

전혀 없는 비시민이기 때문에 사회보장 서비스뿐 아니라 정치적·사회문화적 권리를 보장받기 어렵고 생산 활동 역시 제한받는다.

이에 반해 소비와 관련해서만큼은 다양한 혜택을 보장받는다. 말레이시아의 경우 은퇴이주 비자 소지자가 콘도미니엄을 구매하고자 할 때엔 은행 대출을 받을 수 있고, 필리핀의 경우에는 예치금의 일부를 빼서 콘도미니엄을 구매할 수 있게 마련해놓고 있다. 이뿐 아니라 말레이시아와 필리핀 모두 은퇴이주 비자 소지자가 일정 금액 이상의 부동산을 구매하도록 강제하여(말레이시아의 경우 미화 30만 달러 이상, 필리핀의 경우 5만 달러 이상) 이들의 소비력을 극대화하려는 조치를 취하고 있다.

여기에 더해 자국 기업과 협력해 은퇴이주 비자 소지자만을 위한 원-스톱 서비스를 제공해 비자 발급과 연장에 소요되는 기간을 대폭 축소시키거나 행정 절차를 과감히 간소화한다. 이 같은 조치는, 소비를 위해 국경을 넘은 은퇴자들이 여타의 이주민과 달리 이민청 같은 국가기관의 '통제'를 받는 것이 아니라 별도로 관리된다는 점을 부각시킨다.[8] 예를 들어 태국 은퇴이주 비자 소지자들은 정부와 민간기업이 공동으로 세운 벤처기업인 장기체류 매니지먼트사의 '특별 케어'를 받는데, 태국 공항 입국과 동시에 매니지먼트사 직원들의 호위를 받으며 다른 외국인들과는 다른 라인에서 초고속 입국 수속을 밟고 비자 연장 시에도 이민청이 아닌 매니지먼트사를 찾아가 간소한 절차를 밟는다.

마지막으로 이들 국가는 은퇴이주 비자 소지자를 통한 이익을 최대화하기 위해 이들만을 위한 예외적인 공간을 마련하는 영토 구획화zoning 전략을 사용한다. 다시 말해 은퇴이주자들만을 위해 마련된 값비싼 공간에 그들이 거주하도록 유도하는 "가두기lock-in" 전략을 사용한다.[9] 예를 들어, 2장에서 언급한 대로 태국 관광청은 부동산 개발업자들과 손을 잡고 일본 문화를 상징하는 다양한 오브제들이 마련된, 값비싼 주거공간인 "미니 도쿄"를 건립해 일본인 은퇴자들이 이곳을 선택하게끔 유도하고 있다.[10] 그리고 필리핀은 팔라완 섬의 일부를 관광경제지구Tourism Economic Zone로 지정해 이곳에 들어오는 기업에 다양한 면세혜택을 주면서 은퇴이주 비자 소지자들을 위한 요양 시설을 건립하고 있다.[11] 다시 말해 은퇴이주 비자 소지자들의 소비를 진작시키기 위해 이들만을 위한 특별한 공간을 구획하고 이들을 위한 주거시설을 건설해 국가가 마련한 공간 안에서 값비싼 상품과 서비스를 구매하도록 하는 전략을 구사하고 있는 것이다.

외국인 고령자는 어떤 사람들인가

그렇다면 이 동남아시아 국가들이 타깃으로 삼는 외국인 고령자들은 어떤 사람들일까? 왜 그들은 가치 있는 소비자로 인식되고, 합리적인 소비자라는 이미지가 덧입혀지는 것일까? 필리핀, 말레이시아, 태국이 특히 북유럽의 고령자들을 매력적인 타깃으로 인식하게 된 계기는, 고령자들을 독립적이고 활동적인 인구 집단으로 여기는 "제3연령기Third Age"라는 개념 때문이다. 동남아시아 국가들이 은퇴이주 프로그램과 관련하여 일련의 정책개혁을 단행했던 1990년대 당시, 서구에서는 노인 집단에 대한 대중의 인식이 바뀌었다. 1990년대 초중반, 서유럽은 종신고용의 전통을 버리고 조기퇴직 정책을 채택하면서 제3연령기라는 개념을 적용했다. 이에 따라 연약하고 의존적인 존재로 여겨졌던 이전 세대 노인과 달리, 자국의 노인들을 활동적이고 독립적인 시민으로 인식하기 시작했다.[12]

원래 제3연령기는 1970년대 연령차별주의에 반대했던 영국 고령자들이 처음 들고 나온 개념이지만, 이후 1990년대 여러 유럽 국가에서 그곳의 은퇴 인구가 여전히 건강하고 일할 수 있는 나이임을 강조하기 위해 널리 사용되었다. 정책 보고서에 따르면, 이들 국가들은 (이전 세대 노인과 달리) 자국 내 은퇴자들이 스스로를 돌볼 수 있는 활동적이고 독립적인 시민임을 강조함으로써 연금 등의 복지혜택 축소를 정당화했다.[13] 이러한 제3연령기 개념은 비즈니스 분야에도 반영되었고, 기업들은 미국과 서유럽의 "베이비붐 세대" 은퇴자 인구를 시장을 주도하는 주요 소비세력으로 인식했다.

1990년대 이후, (1946년과 1964년 사이에 출생한) 베이비붐 세대의 은퇴 시점이 되자 그들의 "신新노년기"가 강조되었다.[14] 다시 말해, 베이비붐 세대는 그들이 청년이었던 1960년대에는 반문화와 대량소비문화를 주도하고, 은퇴 연령이 되어서는 활기차고 새로운 노인 시장을 주도하게 된 것이다. 마케팅업계는 전후의 풍요를 누렸고 진보적 성향을 지닌 베이비붐 세대가 은퇴 이후에는 독립적이고 자족적인 삶을 추구한다는 분석을 내놓았다. 즉, 그들은 제3연령기의 적절한 사례가 되었다.[15]

마케팅 업계뿐 아니라 노인학, 비즈니스, 대중 매체 분야도 베이비붐 세대의 소비 습성을 집중적으로 분석했다. 예컨대, 영국 킬대학의 레베카 리치는 반문화와 대량소비문화를 주도했던 베이비붐 세대가 물질주의에 양면적인 태도를 보인다는 분석을 내놓았다.[16] 그들은 물질문명의 과실을 누린 세대임에도 불구하고, 무분별한 소비문화의 확산에는 반감을 가졌다. 리치는 베이비붐 세대가 "내구성, 품질, 가치"라는 우선 순위가 반영된 도덕적 소비를 추구함으로써 "합리적인 소비자"가 되려 한다고 주장했다.[17] 요컨대, 1990년대 서구의 노인 인구는 이전의 노인 세대와는 달리, 독립적이고 활동적인 시민의 이미지를 얻기 시작했다. 이러한 이미지를 전후의 풍요를 누리고 반문화와 대량소비문화를 주도한 베이비붐 세대 은퇴자들과 연관시킴으로써, 언론과 학계는 베이비붐 세대가 의식적으로 합리적인 소비자가 되기 위해 노력한다고 높이 평가했다.

그리고 놀랍지 않게도, 필리핀, 말레이시아, 태국 정부가 원하는 외국인 은퇴자들은 서구 (그리고 일본) 출신의 베이비붐 세대와 일치하는 경향이 있다. 정책보고서 및 관련 공무원들과의 공식·비공식 논의를 살펴보면, 이들 국가가 서구와 일본 출신 베이비붐 세대를 은퇴이주 비자 프로그램의 주요 타깃으로 삼고 있음이 명백해진다. 일례로 2015년, 필리핀 은퇴청 사무총장은 1시간가량 진행된 인터뷰에서 '베이비붐 세대'라는 단어를 다섯 번 이상 언급했다. "우리의 타깃은 더 나은 거주지를 찾고 있는 베이비붐 세대입니다. (…) 늘어나는 베이비붐 세대 인구를 고려할 때 (…) 베이비붐 세대는 정적인 삶보다는 활동적인 삶을 추구합니다."

이 인터뷰에서 그는 베이비붐 세대를 은퇴비자의 주요 타깃으로 여겼을 뿐 아니라, 활동적인 삶을 선호하는 그들의 성향을 긍정적으로 평가했다. 이와 마찬가지로 태국 관광업계에 관한 태국 컨설팅업체의 보고서에서 베이비붐 세대는 정부가 주목해야 할 타깃 인구로 강조되었다. 그 보고서에서는 베이비붐

필리핀의 타구익에서 한 외국인이 바텐더의 저글링 묘기를 감상하고 있다.

세대가 구매력을 지니고 있으며 특히 본인들의 독립적인 삶을 도와줄 양질의 상품과 서비스에 기꺼이 비용을 지불할 의사가 있다는 근거가 제시되었다.[18]

신자유주의 통치의 본질이 정치적·경제적 고려 대상으로서 '인구'의 재발견이라는 점을 감안할 때,[19] 이들 국가가 베이비붐 세대를 인적 자본으로 인식한 부분은 은퇴비자 프로그램이 단순히 비자의 한 종류가 아니라 신자유주의 통치 기술의 산물임을 증명한다. 신자유주의 통치의 본질은 정부가 시민들의 "자제력, 생산력, 역량을 고취할 목적"으로 사용하는 징계, 규제, 관용 등의 유연한 대응 방식에 있다.[20]

서구와 일본 출신 은퇴자 인구의 경우, 제3연령기와 베이비붐 세대 관련 논의를 통해 그들 베이비붐 세대가 합리적 소비를 통해 독립적인 삶을 추구하는, 구매력을 지닌 가치 높은 소비자라는 인식이 형성되었다. 동남아시아 국가들은 이런 인식을 바탕으로 이 '가치 있는 소비자'를 '합리적인 소비자'로 추켜세우며 이들을 유치하기 위한 여러 프로그램을 설계했다. 또한 이들 국가는 외국인 은퇴자들을 합리적인 소비자로 키워나가기 위해, 관용적인 돌봄 서비스를 제공하는 한편 엄격한 규제를 적용하는 등 유연한 통치기술을 펼쳤다.

비교와 대조

지금까지 동남아시아 3국이 은퇴이주 비자를 소지한 외국인 고령자들을 통치하기 위해 공통적으로 사용하는 전략들을 일별해보았다. 그렇다고 이 세 국가의 프로그램이 모두 동일한 것은 아니다. 각국의 필요와 우선 순위에 따라 은퇴이주 비자 소지자들을 규정하고 규제하는 방식은 달라진다.

이러한 차이점을 인식하는 것은 중요하다. 다음 장에서 자세히 설명하겠지만, 이러한 비자 정책의 다양성 때문에 잠재적인 비자 신청자들은 각 비자가 가진 이점을 따져보고 각기 다른 이유로 비자를 신청한다. 요컨대 세 나라는 은퇴이주 비자 소지자들이 해당 국가 내에서 돈을 쓸 것으로 예상하며 이들을 가치 높은 소비자로 인식하는 경향이 있다. 하지만 잠재적인 비자 신청자들은 이러한 국가의 인식에 반드시 부응할 필요가 없다. 오히려 애초의 비자 도입 이유와 무관하게 자신의 목적 달성을 위해 비자를 창의적으로 활용할 수 있다. 각국의 은퇴이주 프로그램은 각기 다른 혜택과 규제를 적용하므로, 비자 신청자들은 각자의 목적 달성에 유리한 프로그램을 선택할 수 있다는 것이다.

〈표 1〉을 보면 세 국가의 비자 프로그램이 구체적으로 설명되어 있다(이 책 100면 참조). 차이점은 크게 세 가지로 정리되는데, 신청 가능 연령, 재정 요구사항, 토지 소유 가능 여부다. 우선 신청 가능 연령을 살펴보면, 태국은 50세 이상 외국인에게만 비자를 발급하는 반면, 필리핀과 말레이시아는 비교적 젊은 외국인에게도 신청 자격을 준다. 특히 말레이시아는 모든 외국인 성인(21세 이상)에게 신청 자격을 열어둠으로써 가장 관대한 정책을 펼치고 있다.

재정 요구사항의 경우, 말레이시아는 필리핀, 태국과 비교해 가장 높은 수준의 소득과 예치금을 요구한다. 필리핀과 태국은 비자 발급을 원하는 외국인에게 비교적 적은 금액을 요구한다. 하지만 태국은 최근 유럽, 미주, 아시아 출신의 부유한 외국인 고령자들을 위한 "O-X"라는 비자 항목을 신설해 말레이시아와 흡사하게 부유층을 겨냥하고자 한다. 이런 맥락에서 필리핀의 은퇴비자 프로그램은 나머지 두 국가, 즉 말레이시아와 태국보다 더 광범위한 외국인 인구를 타깃으로 삼는다고 볼 수 있다.

마지막으로 각국은 외국인의 토지 소유에 대해서도 다른 입장을 취한다. 말레이시아는 외국인의 토지 소유를 허용함으로써 가장 관대한 태도를 보인다. 이러한 정책은 세컨홈비자 소지자뿐 아니라 모든 외국인에게 적용된다. 하지만 세컨홈비자 소지자의 경우(다음 장에서 자세히 다루겠지만), 토지 매입 시 담보대출을 비롯한 다양한 혜택을 누릴 수 있다. 필리핀과 태국은 외국인의 토지 소유를 금지하는 반면, 건물 임대 특히 콘도 임대를 허용한다.

각각의 비자 프로그램이 지닌 이러한 차이점 외에, 각국 정부가 자국 비자 프로그램을 홍보할 때에도 차이점이 드러난다. 필리핀과 태국 정부는 웹사이트, 브로슈어, 광고 매체를 통해 외국인 고령자들에게 비교적 저렴하면서도 양질의 서비스 인력(여성)을 갖추고 있다는 점을 매력 포인트로 강조한다. 필리핀은 말레이시아와 마찬가지로, 영어가 상용어라는 점과 국제학교가 많다는 점을 강조한다. 이러한 차이점은 누가 어떤 프로그램을, 어떤 이유로 선택하는지에 관한 실마리를 제공한다. 이제부터 각기 다른 혜택과 규제가 각기 다른 인구를 특정 국가로 끌어들이는 과정에 대해 자세히 살펴보겠다.

표 1 동남아시아 3국의 비자 프로그램 비교

	필리핀	말레이시아	태국	
명칭	은퇴자를 위한 특별 거주비자(SRRV)	말레이시아 마이 세컨드 홈 (MM2H)	비이민 비자 "O-A"	비이민 비자 "O-X"
신청 가능 연령	35+	21+	50+	50+
신청 가능 국가	제약 없음	제약 없음	제약 없음	호주, 캐나다, 중국, 영국, 프랑스, 독일, 인도, 이탈리아, 일본, 노르웨이, 스웨덴, 스위스, 네덜란드, 대만, 미국
재정 요구 사항	(스마일 옵션의 경우)	21-50: 미화 2,450불의 월 소득, 122,910불의 유동자산 증명	미화 25,000불 예치, 혹은 2,100불의 월 소득 증명	미화 92,000불 예치, 혹은 3,050불의 월 소득 증명
	미화 20,000불 예치	+73,750불 예치		
		50+: 미화 2,450불의 월 소득, 86,040불의 유동자산 증명		
		+36,870불 예치		

	필리핀	말레이시아	태국	
이자	예치금에 대한 이자 없음	은행 예치금에 대한 3-4% 이자 제공	정보 없음	정보 없음
기간	영구 거주	10년(갱신 가능)	1년(갱신 가능)	10년(갱신 가능)
취업 허가	비자 소지자가 은퇴청의 허가를 받을 경우 가능 (사업체 운영 불가)	50세 이상의 비자 소지자가 승인된 특정 분야의 전문 기술을 보유하고 있을 경우 가능	불가	불가
토지 소유	불가(콘도 임대 권리만 허용)	가능 (자유보유권)	불가(콘도 임대 권리만 허용)	불가(콘도 임대 권리만 허용)
비자 발급 소요 기간	근무일 기준 최소 20일	6~7개월	정보 없음	정보 없음
강점	(특히 돌봄 분야의) 저렴한 서비스 인력과 (국제학교 등의) 영어 교육시설	(국제학교 등의) 영어 교육시설과 고품질 의료기술	고품질 의료기술과 (특히 돌봄 분야의) 저렴한 서비스 인력	

4

Korean Retiree Migrants in Southeast Asia

은퇴이주 비자에 대한 한국인의 상상

필리핀 메트로 마닐라의 금융 및 비즈니스 지구

"이상적인"
은퇴이주 비자 소지자

필리핀, 말레이시아, 태국은 은퇴이주 비자 프로그램 자체 안에 어떤 연령대의 사람을 특별히 더 선호하는지 명시해 놓고 있지는 않지만, 홍보자료를 보면 이들이 누구를 이상적인 은퇴이주 비자 소지자로 생각하고 있는지 잘 드러난다. 예를 들어 필리핀 은퇴청의 2014년 연차보고서는 총 6명의 은퇴이주 비자 소지자들의 일상을 소개하고 있는데 이들 모두 미국과 서유럽 출신의 60대 이상 백인이었다.[1] 또한 2017년 만들어진 은퇴청의 텔레비전 홍보물에 등장하는 은퇴이주 비자 소지자는 일본인 70대 남성이다.[2]

말레이시아 세컨홈비자의 경우, 홈페이지에 소개된 비자 소지자 모두 서유럽과 일본 출신의 50대 이상자들이다. 이처럼 이들 국가가 대외적으로 은퇴이주 비자를 홍보할 때 이 비자가 미국, 서유럽, 일본 출신의 50대 이상의 연금 생활자를 타깃으로 한다는 점을 분명히 한다.

그러나 일련의 은퇴이주 비자 프로그램 개혁과 홍보를 통해 실질적으로 증가한 은퇴이주 비자 소지자자들은 주로 일본을 제외한 아시아인이었다는 점에 주목할 필요가 있다. 필리핀의 경우 중국인이 35%, 한국인이 20%를 차지해 이 두 국가 출신의 은퇴이주 비자 소지자가 절반 이상을 차지한다. 필리핀 은퇴이주 비자 에이전시 관계자는 매년 평균 400명 가량의 한국인이 비자를 신청하고 있다고 전했다. 말레이시아의 경우 중국, 한국, 이란, 방글라데시 출신자들의 비자 신청률이 두드러진다. 한국은 특히 2017년 현재 중국에 이어 두 번째로 많은 사람들이 신청하는 국가로 기록되었다. 태국의 경우 미국과 서유럽 출신자들의 수가 높긴 하지만 중국인의 신청률도 높다.

일본을 제외한 아시아인들의 동남아시아 은퇴이주 비자 발급률이 갈수록 높아지고 있지만 초국적 은퇴이주 연구는 아직도 미국, 서유럽, 일본 출신 연금생활자들을 은퇴이주 비자 신청자로 가정하고 바라보는 경향이 있다.[4]

한국인
은퇴비자 소지자

한국인 동남아시아 은퇴이주 비자 소지자들에 대한 연구들이 공통적으로 주장하고 있듯이,[5] 많은 한국인 은퇴이주 비자 소지자들은 단순히 연금으로 생활하며 레저를 즐기기 위해 은퇴이주 비자를 발급받지 않는다는 점에서 서유럽, 미국, 일본 출신 은퇴이주 비자 소지자와 다르다. 이 때문에 한국인들의 은퇴이주 비자 발급과 이주의 목적, 그리고 이주 과정을 밝히기 위해서는 기존의 연구 틀에서 벗어날 필요가 있다.

지금부터는 한국인 은퇴비자 소지자들의 사례를 자세히 들여다봄으로써, 이들이 이주 목적 국가가 확립해놓은 비자 소지자와의 사회적 관계를 전복시키는 과정을 집중적으로 조명하고자 한다. 한국인들은 동남아시아 3국의 은퇴비자 프로그램의 혜택과 규제를 전략적으로 재정의한다. 이들 국가들은 자국과 은퇴비자 소지자와의 관계를 '서비스 제공자 대 장기적인 더 나아가서는 영구적인 소비자'로 인식하고 비자 프로그램을 만들었다. 하지만 한국인들은 단기 수익, 절세, 상속 등의 이유로 비자를 발급받아 장기거주나 소비와는 무관한 목적으로 비자 프로그램을 받아들이고 있는 것이다.

한국인이 동남아시아 은퇴비자 프로그램을 인식하는 방식을 이해하기 위해서는 한국을 둘러싼 정치·사회·경제 여건의 변화를 고려해야 한다. 예컨대, 동남아시아 국가의 은퇴이주 프로그램이 한국에 소개된 것은 1997년 아시아 외환위기 이후였다. 일본과 유럽 출신 연금생활자들과 달리, 대다수 한국인들은 은퇴 이후 소비와 여가생활에 집중할 만큼 연금 지급액이 충분하지 않았고 글로벌 경제위기로 인해 대다수 한국인의 삶의 질은 추락했다. 이런 상황 속에서 한국 정부가 2006년 일반 시민의 해외 주택 소유와 부동산 투자를 허용하자, 필리핀과 말레이시아 은퇴이주 비자를 전략적으로 활용해 부동산 투자와 주택 임대사업에 나서는 한국인들이 늘어났다.

동남아시아 3국이 제공하는 비자 프로그램의 특징에 따라 해당 비자를 신청하고 발급받는 이유도 다양하다. 다시 말해, 각국(필리핀, 말레이시아, 태국)의 은퇴이주 비자 프로그램이 제공하는 혜택과 규제가 서로 다르기 때문에 각 프로그램에 매력을 느끼는 한국인 집단 또한 각기 다르다. 예컨대, 말레이시아는 필리핀과 태국보다 더 높은 수준의 소득 및 예치금을 요구하기 때문에 매우 부유한 한국인들에게만 매력적인 옵션이 된다. 특히 2017년 한국 정부가 부의 재분배를 위해 상속세와 양도소득세를 높이는 정책을 펼치게 되면서 말레이시아 세컨홈비자 프로그램이 부유층의 조세포탈 수단으로까지 떠오르게 되었다.

동남아시아 은퇴이주 비자에 관한 기존 연구들은 대부분 일본과 유럽 출신 은퇴비자 소지자들에 주목하면서 이들이 생활비가 상대적으로 저렴한 곳에서 장기 체류하며 여가를 즐기고 건강한 생활을 유지할 목적으로 은퇴비자를 선택한다고 강조해왔다. 하지만 한국의 사례는 이러한 편협하고 획일적인 인식에 수정이 필요함을 드러낸다. 한국인들은 장기체류나 여가활동의 소비를 위해 은퇴비자 프로그램을 선택하기보다는 주택임대 사업과 조세포탈을 통한 경제적 이익과 자녀의 영어교육을 노리고 이를 선택하기 때문이다.

앞선 장들에서 동남아시아 국가 차원에서 어떻게 이동성 체제가 형성되는가를 살펴보았다면, 이제는 그 이동성 체제를 이용하고 협상하는 잠재적 이주자들이 실제로 어떻게 이동성을 구성하는가를 살펴보고자 한다. 이렇게 양방향의 관점을 모두 살펴볼 때 비로소 이동성이 구성되는 방식에 대한 전체적인 그림을 그려볼 수 있을 것이다. 나아가 한국의 사례를 제시함으로써 국가 차원의 이동성 체제와 실제 잠재적 이주자들이 만들어내는 이동성이 어떤 간극을 드러내며 경합하는지를 살펴볼 것이다.

이를 통해 초국적 이주 관련 연구에 새로운 관점을 제시하고자 한다. 우선, 초국적 은퇴이주에 관한 연구에서 은퇴이주자들은 사회경제적 소외계층이 아니라 엘리트 관광객으로 인식되어왔다. 이 때문에 은퇴이주자들이 관련 비자를 고의적, 선택적으로 활용하고 때로는 위반하는 상황에 대한 연구는 거의 이뤄지지 않았다. 이제부터는 필리핀, 말레이시아, 태국의 은퇴비자를 판매하는 이주 에이전시와 비자 신청 희망자들의 사례를 분석해 이들이 수동적인 수혜자가 아니라, 때로는 고의적인 규제 위반을 통해 각각의 비자가 가진 가치와 목적을 바꿔내는 주체임을 드러낼 것이다. 이를 통해 초국적 이주자를 엘리트 관광객과 저임금 비숙련 노동자로 구분하는 기존의 이분법적 시각이 수정되어야 한다는 점을 강조하고자 한다.

은퇴이주 프로그램이
인기를 얻게 된 경위

한국인들이 은퇴이주 비자의 가치와 목적을 왜곡하게 된 과정을 밝히려면 먼저 이 이주 프로그램이 한국에 소개되고 인기를 얻게 된 역사적·정치적·사회경제적 배경을 살펴봐야 한다. 한국은 초국적 은퇴이주와 관련한 역사가 짧다. 한국에서 초국적 은퇴이주가 관심을 끌기 시작한 것은 1997년 아시아 외환위기 이후로 당시 한국 언론에서 외환위기 이후 경제적 어려움을 경험하는 한국인들이 선택할 수 있는 초국적 옵션 가운데 하나로 이를 소개하면서부터다.

2004년경 이후, 한국 언론은 해외에서 "제2의 인생"을 시작하며 어려움을 극복한 50, 60대 한국인들의 사례를 소개하며 이들을 '은퇴자'라고 지칭했다. 한국 언론이 처음 보도한 것은 태평양 중심부의 섬나라 피지로 이주한 한국인 집단이었지만,

지리적 근접성과 시장 잠재력 등 여러 장점 때문에 필리핀을 비롯한 동남아시아 국가들이 더 큰 관심을 받았다. 2006년경부터 필리핀이 집중 조명되었는데 당시 언론보도에서 필리핀은 다양한 여가활동을 통해 심리적 안정을 얻고, 나아가 수익도 창출할 수 있는 공간으로 묘사되었다.

은퇴이주와 수익 창출 간의 강한 연관성은 한국인들이 동남아시아 국가에서 연금소득만으로 생활하기에는 한국의 국가 및 기업 연금이 충분하지 않다는 사실에서 기인한다. 한국의 국민연금은 1988년에 처음 도입되었고, 2008년 기준 일인당 월평균 지급액이 미화 193달러에 불과해 충분한 금전적 지원을 제공하지 못한다.[6] 재벌을 비롯한 민간기업들은 연금을 제공하지 않고 직원이 퇴직할 경우 퇴직금만 일시 지급한다.[7] 이런 상황에서 동남아시아는 단순히 여가활동을 위한 지역이 아니라 사업과 투자를 통해 수익을 확보할 수 있는 지역으로 각광받은 것이다. 2006년 『주간조선』은 필리핀 은퇴이주의 뜨거운 인기를 소개하며 다음과 같이 설명한다.

연금에 대비해 높은 세금과 물가를 감당할 수 없어 물가가 낮으면서도 생활 여건이 비교적 괜찮은 곳으로 은퇴이민을 결정하게 된 것이다. 한국인도 높은 물가와 세금을 피해 해외로 은퇴이민을 간다고 볼 수 있지만 선진국과는 달리 국민연금제도가 아직 시작단계이기 때문에 공무원의 경우를 제외하고는 애초에 목돈을 가지고 이주하는 경우가 많다. 최근 은퇴이민자 사이에 주목받는 지역이 동남아다. 동남아는 PC방, 식당 등 이민자들이 할 수 있는 일이 아직 많다. 또 싼 물가 때문에 굳이 일을 하지 않더라도 연금으로 어느 정도 생활을 할 수 있다. 저렴한 인건비로 가사도우미를 두고 하숙집을 운영할 수도 있다.⁸

이 기사는 필리핀을 시장 잠재력을 지닌 지역으로 소개하며 한국인들에게 "아직까지" 기회가 열려 있다고 주장한다. 다시 말해, 동남아시아 중저소득 국가들은 한국인들이 아직까지 돈을 벌 수 있는 "기회의 땅"으로 그려진 것이다. 또 다른 예로 2009년 "필리핀, 떠오르는 '기회의 땅'"이라는 제목의 『시사저널』기사는, 2006년에 비해 필리핀으로의 "은퇴이민 수요는 줄었으나 부동산이나 비즈니스 부문의 투자 열기는 식지 않았"으며 필리핀 부동산 투자가 매우 확실한 이익을 보장해주는 투자상품이라고 강조하면서 이렇게 덧붙인다.

필리핀 부동산 경기는 금융위기 여파로 인한 타격이 상대적으로 크지 않다. 필리핀 노동자들이 전 세계 국가로 이주해 서비스업에 종사하면서 번 돈으로 고급 주택을 비롯해 부동산에 투자하기 때문이다. 필리핀 인구 9천만 명 가운데 해외 근로자 수가 8

백만 명이 넘는다. 해외 근로자가 해마다 필리핀으로 송금하는 금액이 165억 달러(2008년 기준)나 된다. 필리핀 국내총생산의 10%와 외환보유고의 43%를 차지한다. 에릭 소리아노 필리핀 은퇴산업청 자문관은 "필리핀계 미국인 전문직 종사자들과 활동적인 은퇴자들이 고향으로 돌아오면서 은퇴 이민 시장이 크게 성장하고 있다"라고 말했다.[9]

부동산 투자에 대한 관심은 한국의 규제 변화와도 맞물려 있다. 2006년 3월, 한국 정부는 1997년 외환위기 이후 도입된 금융자유화 정책의 일환으로, 자국민들에게 투자 및 거주 목적의 해외 주택 취득을 허가함으로써 외화 거래 활성화를 꾀했다. 이 정책 발표에 뒤이어 수많은 신문 기사, 은행 투자보고서, 인터넷 블로그에는 동남아시아 부동산 시장이 훌륭한 투자처라는 분석이 등장했다.[10] 이들은 공통적으로 매년 기록적인 경제성장률을 보이는 이들 동남아시아 시장의 잠재력을 높이 평가했다.

요약하면, 한국의 경우 동남아시아 국가로의 은퇴이주 비자 프로그램이 1997년 아시아 외환위기 이후 경제적 기반을 잃은 한국인들이 사업과 부동산 투자를 통해 재기할 수 있는 대안으로 언론을 통해 소개되었다. 해외 부동산 소유에 관한 한국 내 규제 완화에 따라, 이주 에이전시와 은행들은 수익 창출을 원하는 한국인들에게 다양한 현지조사 프로그램과 설명회를 개최해 이를 대대적으로 홍보했다. (일본이나 유럽과 달리) 한국의 연금체계가 미흡하다는 점을 감안할 때, 동남아시아로의 은퇴이주는 편안하게 여가생활을 즐기기 위한 목적이 아니라 성장 잠재력이 큰 신흥시장에 접근하기 위한 방편으로 이해되는 것이다.

지금부터는 질적 연구방법을 통해 수집한 자료를 바탕으로, 동남아시아 은퇴비자 프로그램이 인식되는 방식에 대해 더욱 구체적으로 살펴보겠다. 이를 위해서는 온라인과 오프라인을 중심으로 하는 이주 에이전시의 역할을 짚고 넘어가야 한다. 언어적 제약과 비자 신청 시 필요한 여러 행정적 절차의 번거로움을 피하기 위해 대다수 이주 에이전시를 통해 비자를 신청하기 때문이다. 미국의 철학자 마누엘 드란다는 들뢰즈의 "아상블라주assemblage"개념을 차용해 "브로커 아상블라주brokerage assemblage"라는 표현을 사용하면서 비자 '정책'을 중심으로 이주 패턴이 만들어진다는 기존의 국가-정부 중심의 이해방식을 벗어나야 한다고 주장한다. 다시 말해 비정부 행위자들, 특히 이주 에이전시부터 부동산 중개업자들 그리고 잠재적 이주민들이 실제 이주 프로그램을 개념화, 구상, 실행하는 과정에서 이동성이 형성된다는 점을 강조하는 것이다. 이 개념은 동남아시아 국가들이 만든 "환영받는"이주자의 카테고리, 즉 은퇴이주라는 카테고리를 비정부 행위자들(이주 에이전시, 부동산 개발업자,

잠재적 이주자 등)이 어떻게 재구성하고 있는지를 살펴보는 데 적절하다.

이어서, 이주 에이전시의 온라인-오프라인을 통한 비자 홍보 및 판매 방식을 자세히 분석하여 어떤 방식으로 동남아시아 은퇴비자가 활용되는지 밝히고 이를 통해 국가의 이주 정책이 어떻게 재해석되고 있는지 살펴보겠다.

기회의 땅

한국 언론에서 동남아시아 국가를 "기회의 땅"으로 묘사하는 것과 흡사하게 이주 에이전시도 동남아시아를 다양한 이익을 볼 수 있는 곳으로 강조한다. 이때 크게 두 가지 요소가 강조되는데 첫째, 부동산 투자를 통한 경제적 이익과 둘째, 영어교육 혜택이 그것이다.

부동산

필리핀, 말레이시아, 태국의 은퇴이주 비자 프로그램 설명회의 경우, 부동산 투자 이야기를 빼놓고는 행사 자체가 성립하지 않는다. 우선 한국인들의 부동산 매입과 투자에 은퇴이주 비자가 어떤 도움이 되는 것일까? 법과 규제만 봤을 때, 은퇴이주 비자와 부동산 자산 매입 사이에 직접적인 연관은 없다. 비자 종류와 무관하게 필리핀과 태국에서는 모든 외국인이 콘도를 구입할 수 있고, 말레이시아에서는 모든 외국인이 콘도뿐 아니라 다양한 형태의 주택과 토지를 구입할 수 있기 때문이다. 하지만 이것은 어디까지만 '법적으로' 가능하다는 것일 뿐, 실제로 외국인이 관광비자를 소지한 상태로 구매하는 것은 거의 불가능에 가깝다. 적지 않은 돈이 토지나 건물 구매에 들어가기 때문에 구매자가 믿을 만한 외국인인지 평가하는 절차가 필수적인데 관광비자 상태로는 이런 행정 절차를 거치는 데에 너무 오랜 시간이 쓰이기 때문이다.

 필리핀 이주 에이전시의 A 부장과 말레이시아 이주 에이전시 B 대표(이 책 18면의 인터뷰 참여자 참고) 역시 인터뷰에서 이 점을 강조했다. 부동산 자산 매입을 위해서는 매입에 쓰이는 돈이 불법적인 돈이 아니라는 것을 증명해야 하는데, 은퇴비자를 받은 사람들은 비자 발급을 위해 이미 다양한 형태의 신용 보증을 거쳤기 때문에 상대적으로 믿을 만한 외국인으로 분류된다는 것이다. 예를 들어 말레이시아 세컨홈비자를 발급받기 위해서는 자금 증명뿐 아니라 범죄기록까지 제출해야 하기 때문에 세컨홈비자 소지자는 곧 신원과 자금능력이 검증된 사람들이 된다. 이뿐 아니라 부동산 매입 시 은행 담보 대출을 해주는

등, 세컨홈비자 소지자에게만 허용되는 혜택도 있다. 이런 이
유들로 이주 에이전시는 은퇴비자를 부동산 매입과 직접적으
로 연관시켜서 비자를 홍보하거나 판매하는 경향을 뚜렷이 나
타냈다.

비자 설명회에서 배포되는 전단지나 리플릿을 보면 이주 에
이전시가 은퇴비자를 어떻게 인식하고 있는지 알 수 있다. 〈자
료 1〉에서 알 수 있듯, 말레이시아 세컨홈비자를 판매하는 이
주 에이전시는 이 비자 프로그램과 부동산 투자를 같은 선상에
서 소개한다. 필리핀 은퇴비자 판매의 경우, 이러한 경향이 더
욱 두드러지는데 은퇴비자 소개 리플릿(자료 2)에는 부동산(콘
도) 이야기가 더 강조된다. 필리핀 은퇴이주 비자를 판매하는
이주 에이전시의 대표는 설명회에서 이를 더 직접적으로 언급
했다.

은퇴비자를 발급받는다고 꼭 필리핀에 거주할 필요는 없죠. 클
락(Clark, 필리핀 마닐라에서 북쪽으로 80킬로미터 떨어진 곳에 위치한 과거
미군 공군기지 지역) 같은 경우는 땅값이 매년 20, 30퍼센트씩 뛰고
있고 콘도 사놓고 임대만 해도 매달 임대 수입을 얻을 수도 있
고… 72평방 미터 1층 주택 가격이 우리나라 돈으로 8,500만 원
정도고 월세가 거기 10% 정도니까 적어도 80만 원은 한달에 벌
수 있죠.

다시 말해 은퇴비자는 체류를 위한 비자라기보다는 부동산 시세차익이나 임대수입을 위한 수단으로 홍보되고 있는 것이다. 실제 비자 설명회에서는 이처럼 비자프로그램과 부동산 투자·임대 사업 사이의 연관성이 가장 강조되기 때문에 이와 더불어 부동산 시장의 잠재력, 환율, 임차인 확보의 용이성 부분이 함께 부각되었다.

한국의 필리핀 은퇴비자 에이전시 대표가 강조한 것처럼, 부동산 가치 상승의 가능성은 모든 이주 에이전시들이 공통적으로 강조하는 주요 정보다. 그래서 땅값 상승이 예상되는 지역의 부동산을 집중 소개했는데, 필리핀의 경우 1991년까지 미군 공군기지로 쓰였던 클락 자유무역지대 Clark Freeport Zone 곳곳에 건립되고 있는 건물이나 새로 조성되는 단지를 소개하는 경향이 있었다. 1990년대까지 미군 기지로 활용되었기 때문에 도로가 잘 정비되어 있고 깔끔한 시설의 골프장과 카지노 같은 레저시설이 있을 뿐 아니라 국제학교도 있어, 필리핀의 여느 지역과는 사뭇 다른 '미국식' 풍경과 시설을 갖췄다는 점에서 땅값 상승이 예측되기 때문이다. 말레이시아의 경우, 조호르 Johor 주의 도시인 이스칸다 푸테리 Iskandar Puteri가 주로 소개되었다. 말레이시아 정부가 특별경제구역 건설을 목적으로 '이스칸다 말레이시아'라는 지역개발 계획을 공표했고, 이에 따라 각종 생활 편의시설과 국제학교 등이 건립되고 있어 해당 지역의 땅값 상

자료 1 말레이시아 은퇴비자 프로그램 설명회 참석자에게 배포한 팸플릿의 표지

자료 2 필리핀 은퇴비자 관련 이주 에이전시가 설명회 참석자들에게 배포한 전단지

승이 예상되기 때문이다.

물론 설명회에 참석한 다수의 한국인은 이런 세세한 상황까지는 모르기 때문에 이주 에이전시 측은 설명회를 통해 말레이시아, 필리핀 정부의 지역개발 프로젝트의 현황까지 자세히 알려주기도 한다. 그래도 여전히 수도인 필리핀 마닐라나 말레이시아의 쿠알라룸푸르에 비해 클락이나 이스칸다 푸테리는 다수의 한국인에게 낯설기 때문에 설명회 중간중간 관련 질문들이 쏟아지기도 했다. 예를 들어 2018년 8월, 서울 강남에서 열린 말레이시아 세컨홈비자 설명회에 참석한 참가자 중 한 명은 왜 수도 쿠알라룸푸르가 아니라 이스칸다 푸테리라는 한국인에게 생소한 지역의 부동산을 추천하느냐고 물었는데, 직접적인 표현을 하지는 않았지만 혹시 이주 에이전시의 이익을 위해 잘 알려지지 않은 지역의 부동산을 판매하고 있는 것은 아닌지 의심스러워 하는 말투였다. 설명회 개최 측은 이에 이렇게 답했다.

> 우리는 한국 사람들이 기본적으로 투자 수익을 더 많이 올릴 수 있는 곳을 소개하는 겁니다. 쿠알라룸푸르 부동산은 이미 가격이 너무 세기 때문에 투자 수익을 기대하기는 어려워요. 지금 저평가된 곳에 들어가야 수익이 나니까 지금 개발되고 있는 이스칸다 지역이 더 좋다는 거죠.

이처럼 설명회 곳곳에서 다른 무엇보다 부동산 가격 상승의 가능성이 은퇴비자 프로그램을 선택하는 데 중요한 요소임이 강조되었다. 또한, 이와 비슷한 맥락에서 환율 변화 추세도 중요한 데이터로 소개되었는데, 이는 한국인들이 현지 화폐로 부동산을 매입하기 때문이다. 다시 말해 필리핀 주택을 구입한 뒤에 원화 대비 필리핀 페소화의 가치가 급등한다면 그 주택을 되팔 때 큰돈을 벌 수 있는 것이다. 한 에이전시는 비자 설명 프레젠테이션에서 최근 링깃 환율 추이 그래프를 나눠주면서 이렇게 설명했다.

아시다시피, 해외 부동산 매입 시에는 환율이 제일 중요해요. 부동산 가격이 아무리 올라도 환율이 떨어지면 손해를 볼 수 있으니까요. 근데 지금 보시다시피 [유인물을 손으로 가리키며] 링깃[말레이시아 화폐]이 이만큼 떨어져 있잖아요. 지금이 주택을 사기에 좋은 시기라는 거예요. 지금 집을 사놓고 나중에 링깃이 오르면, 만약에 320원만 올라도 큰 이익이 나겠죠.

마지막으로 임차인 확보 가능성이 높다는 점 역시 부각되었다. 주택을 거주용이 아니라 임대소득용으로 구매할 경우 임차인 확보가 최우선이기 때문이다. 이 때문에 비자 발급 후 반드시 말레이시아에 거주할 필요는 없고 주택 임대를 통해 월세를 받을 수도 있다는 점도 강조된다. 이런 현실을 반영해 필리핀 은퇴비자를 판매하는 한 업체는 대리인이 주택을 임대하는 사업을 소개하기도 했다. 2018년 9월 이민박람회에 참가한 필리핀 은퇴비자 에이전트의 판매 부스를 방문하여 만난 이 업체의 대표는 개인이 하기 힘든 부동산 임대 허가 절차를 대행해주는 차원을 넘어서 임대사업 자체를 대행해주는 업무도 하고 있다고 말했다. 예를 들어 은퇴비자 소지자가 필리핀 내 콘도를 구입한 뒤 거주할 의사가 없을 경우 자사에 소정의 수수료를 지불하고 콘도 임대 절차 자체를 일임하는 것이다.

물론 은퇴이주 비자를 부동산 투자 및 임대사업과 연관 짓는 추세는 온전히 비자 정책과 이주 에이전시들의 노력으로 만들어진 것은 아니다. 말레이시아 세컨홈비자를 판매하는 M-1의 대표는 인터뷰에서 이주 에이전시가 은퇴이주 비자와 해외 부동산을 함께 판매하는 이유를 설명하면서, 애초부터 부동산에 대한 한국인들의 관심이 워낙 높기 때문이라고 지적했다.

> [부동산] 수요가 있어요. 한국 사람들이 싱가포르 관광을 갔다가 말레이시아로 다리 건너 한번 와봤다가 '와, 내가 보던 동남아가 아니네.「정글의 법칙」에서 보던 말레이시아가 아니네' 이런 걸 깨닫고 놀라요. 수준 높고 시설 좋고. 이렇게 관광하다가 말레이시아를 발견하고 부동산에 관심을 갖게 돼요. 영어 좀 하는 사람

들은 직접 자기가 현지 건설사를 통해서 구매하기도 해요. 들어 보면 조호르나 이런 데, 나도 처음 보는 새로운 프로젝트인데도 이미 한국인들이 상당히 구매했다, 이런 이야기가 들려올 때도 많아요.

이처럼 부동산 투자 개발에 대한 일반적인 관심은 개발독재 시절부터 대기업뿐 아니라 일반 중산층 가정에서도 단기간에 자산 증식과 계층 상승을 이룰 수 있는 수단으로 부동산 투자를 익숙히 이용해온 역사적·문화적 배경을 고려하지 않고는 이해하기 어렵다.[11] 그리고 앞서 소개했듯이 2006~2007년경 동남아시아 은퇴이주 프로그램이 한국에 소개될 당시, 언론이 이주 프로그램을 부동산 투자 등을 통한 수익 창출의 기회와 직접적으로 결부시킨 바 있다. 국민연금으로는 동남아시아 중저소득 국가에서 생활할 비용도 나오지 않는 실정에서, 부동산 투자와 임대사업은 재정적 안정을 도모하기 위한 대안으로 인기를 얻기에 충분한 것이다.

여기에 더해, 해외 부동산 소유에 관한 법과 규제 완화는 동남아시아 부동산 시장과 은퇴이주 프로그램에 대한 관심에 불을 붙였다. 앞서 설명했듯이 한국 정부는 2006년 금융자유화 정책의 일환으로, 일반 시민이 거주용뿐 아니라 투자용으로 해외 토지와 주택을 매입하는 것을 허용한 바 있다. 또, 2017년 출

말레이시아 파항의 캐머런 고지대에 있는 리조트.
캐머런은 말레이시아에서 가장 유명한 고산 휴양지다.

범한 문재인 정부가 과열된 국내 부동산 시장을 진정시키기 위해 재산세 인상 등의 조치를 발표함에 따라, 세금을 피할 대체 투자처로 동남아시아 부동산시장이 각광 받기에 이른다. 필리핀 은퇴비자 판매업체인 P-1에 근무하는 A 부장은 인터뷰에서 최근 증가하는 은퇴비자 신청자들의 특징을 이렇게 설명했다.

[한국인] 비자 신청자 숫자가 늘었어요. '이 나라에서 이제 못 살겠다'라면서, 살던 집이랑 재산 처분해서 필리핀 들어가서 건물 짓는 분들이 많아요.

교육

앞서 한국인들이 동남아시아 중저소득 국가를 기회의 땅으로, 은퇴이주 비자를 그 기회를 얻기 위한 티켓으로 인식한다고 언급한 바 있다. 여기서 '기회'는 부동산 투자기회와 더불어 자녀 교육의 기회, 특히 영어교육의 기회를 의미한다. 필자가 2015년 필리핀에서 만난 50대 은퇴이주 비자 소지자 또한, 한국에서 사업을 접고 "뭐라도 해볼까 싶어서" 필리핀에 온 경우였는데 이때 필리핀이 영어를 공용어로 사용하고 있기 때문에 처음부터 자녀 교육도 함께 염두에 두고 선택했다고 말했다.

처음에는 사업하려고 워킹비자를 만들려고 했는데, 잘 안 나오기도 안 나오지만 만드는 값이 700만 원이나 들더라고요. 브로커 비용 뭐 다 하면. 그거 만들면 연장할 때 또 돈이 드는데. 그래서 이번에 차라리 그럴 거면 은퇴비자를 만들자 싶어서. 그러면 애들도 커버되니까.

한국인들이 이렇게 생각하는 이유는 은퇴이주 비자 소지자가 21세 미만의 자녀를 동반할 수 있기 때문이다.[12] 부부가 은퇴이주 비자를 발급받을 경우, 그들의 자녀는 이주 목적 국가에 머물 수 있다. 따라서 학생 비자 같은 비자를 추가로 발급하거나 비자를 갱신할 필요가 없다.

하지만 동남아시아 3국의 교육시스템이 서로 달라 이를 선택하는 한국인들의 이유도 각기 다르다. 말레이시아가 매력적인 이유는 과거 영국 식민지로 말보로 칼리지 Marlborough College 같은 호주와 영국의 명문 국제학교가 최근 문을 열었기 때문이다. 태국이 인기를 끄는 이유 또한 이와 비슷하게 국제학교가 많아서다. 필리핀의 경우, 영어가 공용어라서 국제학교뿐 아니라 사립학교에서도 영어로 수업한다는 점 때문에 충분히 매력적이다. 학비가 저렴한 사립학교에서도 영어를 사용하므로, 상대적으로 자금 여력이 부족한 한국인들은 필리핀 학교에 관심을 보이는 경향이 있다고 필리핀 이주 에이전시 P-1의 A 부장은 전한다.

말레이시아 세컨홈비자 관련 에이전시의 B 대표는 한국인들이 말레이시아 국제학교를 활용하는 방식을 다음과 같이 요약했다.

대부분의 경우, 한국인 아이들이 말레이시아에서 초등학교부터 고등학교까지 과정을 마치면 부모들은 특례 입학제도를 활용해 자녀들을 한국 대학에 입학시킵니다. 한국인 비자 신청자 숫자가 늘었어요.

대다수 한국 대학은 10년 이상 해외에서 공부한 한국인 학생을 위한 특례 입학 제도를 운영한다. 한국의 명문대에 입학하려면 치열한 경쟁을 치러야 한다는 점을 감안할 때, 이러한 특례 입학 제도는 학생들이 경쟁의 부담을 피하면서 "좋은" 대학에 입학하기 위한 가장 쉬운 방법 중 하나로 쓰여왔다.

영어가 공용어인 필리핀의 경우, 한국보다 상대적으로 저렴한 가격에 필리핀인 개인 과외교사를 고용할 수 있으므로 말레이시아와 태국보다는 교육비 지출이 적은 것으로 알려져 있다. 필리핀의 인건비는 한국보다 월등히 저렴해 개인 과외교사의 2시간 과외비는 미화 8달러 정도에 불과하다.

정리하자면, 동남아시아 국가들이 은퇴비자를 주력 사업으로 삼으면서 은퇴비자 발급 조건 등이 대폭 약화되었고, 그에 따라 한국인들을 비롯한 신규 비자 소지자 수가 급증했다. 한국인에게 은퇴비자는 장기거주와 지속적인 소비를 위한 것이라기보다 경제생산 활동을 통한 수익 확보와 자녀교육을 위한 수단으로 이용되고 있다. 이 때문에 이들 국가의 은퇴이주 비자가 미국 영주권과 달리 체류를 강제하지 않고 언제든지 취소가 가능하다는 점은 오히려 대단한 이점으로 작용한다. 예를 들어 말레이시아 세컨홈비자를 판매하는 에이전시는 설명회 말미에서 이렇게 덧붙였다. "미국 영주권 같은 것은 따기도 어렵지만 유지도 어려워요. 얼마간 반드시 살아야 하는 등의 조건이 있지만 이건[말레이시아 세컨홈비자] 아니죠." 다시 말해 원거리에서 투자 활동을 벌일 수 있고, 사업이 잘 안 되거나 자녀교육이 끝나면 언제든지 취소할 수도 있기 때문에 은퇴이주 비자는 한국인들이 자신의 이익을 극대화하기 위한 다양한 형태의 유연한 초국적 기획들을 도모하기에 더 용이하다는 것이다.

부동산 투자와 마찬가지로, 영어를 공용어로 쓰는 국가에 자녀를 유학시켜 대학입시에서 유리한 위치를 점하려는 한국인의 노력은 이미 역사가 오랜 초국적 행위다. 그러므로 한국인들의 동남아시아 은퇴이주 비자에 대한 인식은 이미 예견된 것이나 다름없다. 다시 말해 한국의 역사적·정치적·경제적·사회적 맥락 안에서 형성된 한국인의 부동산 투자와 교육에 대한

말레이시아 조호바루 신도시에 설립된 말보로 칼리지.
2017년 현재 세계 40여 개국 830여 명의 학생들이 재학 중이다.

열망이 동남아시아 국가들이 만들어낸 이동성 체제를 만나면서, 이들 국가가 설정해놓은 비자의 목적과 가치, 나아가 국가가 마련한 혜택과 의무의 경계를 재설정하고 있는 것이다.

마치며

이 책에서는 필리핀, 말레이시아, 태국의 은퇴이주 비자 정책을 분석해 이동성 체제가 외국인 고령자를 '환영받는' 이주자로 받아들이는 방식을 살펴보았다. 아울러 아이와 옹의 '등급화된 시민권' 개념을 빌려와, 이들 국가의 신자유주의 경제 개혁이 이러한 이주 체제를 만들고 심화시킨 경위를 자세히 설명했다. 이를 통해 북반구 고소득 국가 출신의 비교적 나이 많은 연금생활자들(즉, 베이비붐 세대)이 가치 높은 소비자로 간주되어 매력적인 이주자 집단으로 떠오르게 되었다는 점을 강조했다.

하지만 국가가 만든 이동성 체제는 이를 실천하는 이주자들과 중간에서 비자를 매개하는 에이전시의 실천 없이는 완성되지 않는다. 그런 점에서 이 책은 한국인 비자 신청자들과 소지자들이 이 은퇴이주 비자를 인식하는 방식으로 시선을 돌려 이들이 동남아시아 3국이 만든 이주 체제를 전략적으로 활용하는 방법에 주목해 이동성 체제가 어떤 방식으로 실천되는지도 살피고자 했다. 예를 들어 동남아시아 국가들은 자국과 은퇴이주 비자 소지자의 관계를 대체로 서비스 제공자와 장기적인 더 나아가서는 영구적인 고객의 관계로 설정하고 있지만, 한국의 이주 에이전시와 비자 신청자들은 은퇴이주 비자가 제공하는 여러 혜택과 규제를 전략적으로 재해석한다.

구체적으로, 한국인들은 장기 체류와 소비 목적이 아니라 단기적 재정 이익 창출 및 탈세, 재산 상속 등의 목적으로 이들 국가의 은퇴이주 비자를 발급받는 경향을 보인다. 이 책은 한국의 정치적·사회경제적 조건 같은 여러 요인이 이런 현상을 만들어내고 있음을 설명하며, 은퇴이주 비자의 의미, 가치, 목적이 이주자(한국인 비자 소지자), 이주 에이전시 등 다양한 행위자를 만나 변질되고 있는 과정을 밝히고자 했다.

초국적 은퇴이주에 관한 기존 문헌들은 북반구 고소득 국가 출신의 비교적 나이 많은 연금생활자들을 유일한 은퇴이주자로 여기는 경향이 있어왔다. 은퇴이주에 관한 이 같은 천편일률적인 시각은 이제 확장되어야 한다. 복지재정 축소로 고소득 국가조차 연금의 대규모 삭감을 경험하고 있는 현실에서 휴식과 레저의 은퇴이주라는 패러다임 자체가 무의미해질 날이 다가오고 있기 때문이다. 한국의 사례를 통해 휴식과 레저를 뜻하는 은퇴이주의 다음 단계를 어느 정도 예측해볼 수 있지 않을까 조심스레 예상해본다. 다시 말해, 기존의 시각은 노동의 끝에 있는 것을 은퇴로, 노동할 수 있는 시기를 마친 연금생활자의 이주를 은퇴이주로 보지만, 노동이 파편화되어 더 이상 노동 시기와 은퇴 시기의 구분이 어려운 신자유주의 시대에 은퇴의 미래, 그리고 은퇴이주의 미래가 어떨 것인지 짐작해보는 데 한국의 사례가 좋은 시사점을 던질 수 있다는 말이다. 그리고 이런 점에서 한국인이 상상하고 실행하는 동남아시아 은퇴이주를 앞으로 더욱 눈여겨볼 필요가 있는 것이다.

미주

1. 초국적 은퇴이주 연구자들은 개인의 이동성이 국제기구(UNHCR 등)와 개별 국가 권력시스템에 따라 결정된다는 점을 강조하기 위해 "이동성 체제(mobility regime)"라는 표현을 사용한다. Bærenholdt, Jørgen Ole. "Governmobility: The Powers of Mobility." *Mobilities* 8 (2013), 20; Glick Schiller, Nina and Noel B. Salazar. "Regimes of Mobility Across the Globe." *Journal of Ethnic and Migration Studies* 39, 2 (2013), 183-200; Shamir, Ronen. "Without Borders? Notes on Globalization as a Mobility Regime." *Sociological Theory* 23, 2 (2005), 197-217. 이 글에서 이동성 체제란 초국적 이동성/비이동성을 촉진하기 위해 개별 국가와 국제기구가 정치·사회경제·문화적 규범을 바탕으로 만들어낸 일련의 정책과 프로그램을 지칭한다.
2. Ong, Aihwa. *Neoliberalism as Exception: Mutations in Citizenship*. Durham: Duke University Press, 2006.
3. Ong, 2006; Rosas, Gilberto. *Barrio Libre: Criminalizing States and Delinquent Refusals*. Durham: Duke University Press, 2012; Schendel, Willem van and Itty Abraham. Eds. *Illicit Flows and Criminal Things: States, Borders, and the Other Side of Globalization*. Bloomington: Indiana University Press, 2005.
4. Agamben, Giorgio. *Homo Sacer: Sovereign Power and Bare Life*. Translated by Daniel Heller-Roazen. Stanford: Stanford University Press, 1998.
5. Roitman, Janet. *Fiscal Disobedience: Anthropology of Economic Regulation in Central Africa*. Princeton, N.J.: Princeton University Press, 2005; Rosas, 2012.
6. Shachar, Ayelet and Hirschl Ran. "On Citizenship, States, and Markets." *Journal of Political*

Philosophy 22, 2 (2014), 231–257; Carrera, Sergio. "How much does EU citizenship cost? The Maltese citizenship-for-sale affair: A breakthrough for sincere cooperation in citizenship of the union." *CEPS Paper in Liberty and Security in Europe* 64 (2014); Dzankic, Jelena. "Investment-Based Citizenship and Residence Programmes in the EU." *Robert Schuman Centre for Advanced Studies Research Paper* 8 (2015); Dzankic, Jelena. "The Pros and Cons of Ius Pecuniae: Investor citizenship in comparative perspective." *EUI RSCAS* (2012); Tanasoca, Ana. "Citizenship for Sale: Neomedieval, not Just Neoliberal?" *European Journal of Sociology* 57(2016), 169–195; Parker, Owen. "Commercializing Citizenship in Crisis EU: The Case of Immigrant Investor Programmes." *Journal of Common Market Studies* 55 (2017), 332–348.

7 Parsons, Christopher, Sebastien Rojon, Farhan Samanani, and Lena Wettach. "Conceptualising International High-Skilled Migration." *The IMI Working Papers Series*. 2014.

8 Toyota, Mika and Bao Xiang. "The emerging transitional 'retirement industry' in Southeast Asia." *International Journal of Sociology and Social Policy*, 32, 11/12 (2012), 708–719.

9 King, Russell, A. M. Warnes, Tony Warnes, and Allan M. Williams. *Sunset lives: British retirement migration to the Mediterranean*. Oxford, Berg: Bloomsbury Academic, 2000; Gustafson, Per. "Tourism and seasonal retirement migration." *Annals of Tourism Research* 29 (2002), 899–918; Toyota, Mika. "Ageing and transnational householding: Japanese retirees in Southeast Asia." International Development Planning Review 28(2006), 515–531; Oliver, Caroline. *Retirement Migration: Paradoxes of Ageing*. New York: Routledge Taylor and Francis Group, 2008; Ono, Mayumi. "Long-Stay Tourism and International Retirement Migration: Japanese Retirees in Malaysia." In *Transnational Migration in East Asia*. Edited by David W. Haines, Makito Minami and Shinji Yamashit, Senri Ethnological Reports 77 (2008), 151–162.

10 Benson, Michaela and Karen O'Reilly. eds., *Lifestyle Migration. Expectations, Aspirations and Experiences*. New York: Ashgate, 2009.

1장 동남아시아는 어떻게 '노인을 위한 나라'가 되었는가

1 대표적인 연구로는 인류학자 로드리게즈의 연구가 있는데, 그는 연구를 통해 필리핀 정부가 신자유주의 개혁을 거듭하면서 경제적 이익을 최우선시하여 자국민을 값싼 노동력으로 해외에 "수출"하는 브로커로 거듭났다고 신랄하게 비판한다. Robyn Magalit Rodriguez, *Migrants for Export: How the Philippine State Brokers Labor to the World*. University of Minnesota Press (2010).
2 Kaur, Amarjit. "International Labour Migration in Southeast Asia: Governance of Migration and Women Domestic Workers." *Intersections: Gender, History and Culture in the Asian Context* 15 (2007).
3 Kaur, 2007.
4 Asian Development Bank (ADB). "ADB Annual Report 2014".
5 Organisation for Economic Co-operation and Development (OECD). Key statistics on diaspora from Malaysia 2012. In *Connecting with Emigrants: A Global Profile of Diasporas*.
6 International Organization for Migration (IOM) Thailand migration profile 2014. https://thailand.iom.int/thailand-migration-report-2014
7 *Ibid.*
8 *Ibid.*
9 Piper, Nicola. "Feminisation of Migration and the Social Dimensions of Development: The Asian Case." *Third World Quarterly* 29, 7 (2008), 1287-1303.
10 United Nations Population Division. *World Migration Stock: The 2005 Revision Population Database*, United Nations Population Division.
11 OECD, 2012.
12 IOM Thailand, 2014.
13 Tolentino, Roland. "Bodies, Letters, Catalogs: Filipinas in Transnational Space." *Social Text* 48 (1996), 49-76.
14 Baldassar, Loretta and Laura Merla, eds., *Transnational Families, Migration and the Circulation of Care: Understanding Mobility and Absence in Family Life*. Routledge Transnationalism Series, 2014.

15. Hochschild, Arlie Russell. "Global Care Chains and Emotional Surplus Value." In *On The Edge: Living with Global Capitalism* edited by W. Hutton and A. Giddens. London: Jonathan Cape, 2000; Parrenas, Rhacel. *Servants of Globalization: Women, Migration and Domestic Work*. Stanford: Stanford University, 2003.
16. King, Warnes, Warnes & Williams, 2000; Oliver, 2008.
17. Benson & O'Reilly, 2009.
18. Muehlebach, Andrea. *The Moral Neoliberal: Welfare and Citizenship in Italy*. Chicago: The University of Chicago Press, 2012.
19. Baldassar, Loretta. "Transnational Families and the Provision of Moral and Emotional Support: The Relationship between Truth and Distance." *Identities* 14, 4 (2007), 385–409; Gavanas, Anna and Inés Calzada. "Swedish Retirement Migrants in Spain: Mobility and Eldercare in an Aging Europe." In *Family Life in an Age of Migration and Mobility: Global Perspectives through the Life Course*, edited by M. Kilkey and E. Palenga-Möllenbeck, 237–359. New York: Palgrave Macmillan, 2016.
20. Croucher, Sheila. *The Other Side of the Fence: American Migrants in Mexico*. Austin: University of Texas Press, 2009; Green, Paul. "Racial hierarchies and contradictory moral regimes in lifestyle destinations: Older, Western residents in Ubud, Bali." *Asian and Pacific Migration Journal* 26, 2 (2017), 161–180; Hayes, Matthew. "'It is hard being the different one all the time': Gringos and racialized identity in lifestyle migration to Ecuador." *Ethnic and Racial Studies* 38, 6 (2015), 943–958.
21. Hayes, 2015.
22. Sunanta, Sirijit. "Thailand and the Global Intimate: Transnational Marriages, Health Tourism and Retirement Migration." Max Planck Institute for the Study of Religious and Ethnic Diversity Working Paper 14-02 (2014). http://www.mmg.mpg.de/fileadmin/user_upload/documents/wp/WP_14-02_Sunanta%20Thailand%20and%20the%20Global%20Intimate.pdf
23. United Nations Department of Economic and Social Affairs (UNDESA) Migration Profile. Malaysia 2014.
24. Human Rights Watch. "Help Wanted: Abuses against Female Migrant Domestic Workers in Indonesia and Malaysia." *Human Rights Watch* 16 (2004).

25　Human Right Watch, 2004.
26　McGahan, Kevin. "The securitization of migration in Malaysia." Paper presented at the annual conference of the American Political Science Association Toronto, Canada September 3-6, 2009.

2장 외국인 은퇴자는 어떻게 '환영받는' 이주자가 되었나

1　Toyota & Xiang, 2006.
2　Rodriguez, 2010. 예컨대 식민시대에 필리핀 여성들을 미국에서 간호사로 교육시킨 프로그램은 필리핀 여성들이 "제1세계"의 시민 자격을 얻는 주요 경로가 되었다.
3　Gonzalez, Vernadette Vicuña. *Securing paradise: Tourism and militarism in Hawai'i and the Philippines*. Durham: Duke University Press, 2013; Richter, Linda. *The politics of tourism in Asia*. Honolulu: University of Hawaii Press, 1989.
4　Blanc, Cristina Szanton. "Balkbayan: A Filipino Extension of the National Imaginary and of State Boundaries." *Philippine Sociological Review* 44, 1-4 (1996), 178-193.
5　Rodriguez, 2010.
6　Kang, David. *Crony Capitalism*. Cambridge: Cambridge University Press, 2002.
7　Rodriguez, 2010.
8　G.R. No. 156303. Phil. Leisure & Retirement Authority v. The Hon. Court of Appeals, et al., (December 19, 2007).
9　PRA의 퇴역병을 위한 특별 항목은 'SRRV 커티시'(SRRV Courtesy)라고 불린다.
10　발릭바얀 프로그램은 외국인 은퇴 비자 프로그램의 전신이었으므로, 필리핀은 다른 동남아시아 국가보다 훨씬 빨리 은퇴 비자 프로그램을 도입할 수 있었다고 이해할 수 있다.
11　Rodriguez, 2010, x.
12　O'Neil, Kevin. "Labor Export as Government Policy: The Case of the Philippines." *Migration Policy Institute*. 2004.
13　Toyota & Xiang, 2012.

14 2009년 정책 개혁을 통해 SRRV 스마일 옵션, SRRV 클래식 옵션, SRRV 커티시, SRRV 휴먼터치 등 네 가지 SRRV 항목이 생겨났다. SRRV 커티시와 휴먼터치는 전직 필리핀 주재 외교관 및 과거 필리핀 국적이었던 사람(커티시)과 질병에 걸린 은퇴자(휴먼터치)를 위한 비자이고, 스마일과 클래식 옵션은 일반 외국인 은퇴자를 위한 비자다. 35세 이상의 외국인은 미화 2만 달러를 예치하면 스마일 비자를 발급받을 수 있다. 비자 예치금을 투자 자금으로 사용하고 싶은 외국인은 (50세 이상인 경우) 미화 2만 달러, 혹은 (35~49세인 경우) 미화 5만 달러를 예치하여 스마일 비자를 발급받아야 한다. 클래식 비자 소지자는 예치금을 투자 자금이나 콘도 구입 자금으로 전환해 사용할 수 있는 반면 스마일 비자 소지자는 콘도 구입을 위해 추가 자금을 마련해야 한다는 것이 두 비자의 차이점이다.
15 Gulane, J. T. "Retirement sector now a flagship program for Arroyo government." *Business World* May 31, 2006.
16 P-1과의 인터뷰.
17 장원수 「'필리핀 은퇴이민' 묻고 따진 뒤 떠나야 실패 없다」, 『경향신문』 2009. 2. 4.
18 Philippine Retirement Authority (PRA). Annual Report 2013.
19 Philippine Retirement Authority (PRA). Annual Report 2014.
20 *Ibid.*
21 Philippine Retirement Authority (PRA). Annual Report 2016.
22 Toyota & Xiang, 2012.
23 Philippines Retirement News, 2007 (Toyota & Xiang 2012에서 재인용).
24 해당 자료는 Life care에서 가져왔다.
25 해당 자료 또한 Life care에서 가져왔다. 그리고 토요타와 시앙에 따르면, 은퇴 관련 프로젝트는 특별경제구역 사업으로 인정받기 때문에 은퇴자 마을들은 35퍼센트인 소득세를 5퍼센트로 감면받는 등 여러 혜택을 누린다. Toyota & Xing, 2012.
26 PRA, 2016.
27 PRA, 2016.
28 Toyota, Mika and Leng Leng Thang. "Transnational retirement mobility as processes of identity negotiation: the case of Japanese in South-east Asia." *Identities Global Studies in Culture and Power* 24 (2017), 562.
29 Morales, Neil Jerome. "Philippines sees opportunity in wealthy neighbors' golden years."

Reuters February 19, 2016.

30 원래 SRRV는 비자 소지자가 필리핀에서 소득활동을 벌이는 것을 엄격하게 금지했다. 하지만 최근 들어 비자 소지자가 필리핀 회사에 취업할 수 있도록 규제를 완화했다. SRRV 소지자는 소득활동을 하기 앞서 PRA의 허가를 받아야 한다. 취업은 허락되는 반면, 회사 설립이나 자영업은 허락되지 않는다.

31 Rodriguez, 2010.

32 Ong, 2006, 4; Nah, Alice. "Globalisation, Sovereignty and Immigration Control: The Hierarchy of Rights for Migrant Workers in Malaysia." *Asian Journal of Social Science* 40, 4 (2012), 486–508.

33 Nah, 2012.

34 Khoo, Boo Teik. 2010. "Social movements and the crisis of neoliberalism in Malaysia and Thailand." IDE Discussion Paper No. 238. *Institute of Developing Economies*.

35 Khoo, 2010; Chee, Heng Leng. "Medical Tourism In Malaysia: International Movement of Healthcare Consumers and the Commodification of Healthcare." *ARI Working Paper* 83 (2007). 예컨대 의료 분야의 경우, 대기업들이 소규모 병원들을 인수해 몸집을 불리면서 1980년대 초부터 이미 기업화와 민영화의 추세가 시작되었다. 치의 주장에 따르면 "말레이시아의 의료 분야는 전반적으로 더욱더 기업화되고 있다". Chee, 2007, 8면.

36 Nah, 2012, 488.

37 McGahan, 2009.

38 Nah, 2012, 489.

39 일부 학술지와 언론은 도입 시기를 1987년으로 보지만(Abdul-Aziz et al., 2015; Chee, 2007; Ono, 2008; Guan, 2018; Edwards, 2001), 다른 한편에서는 1996년으로 본다(홍석준, 2016).

40 Abdul-Aziz, A. R., Tah, J. H. M., Lim, J. X., & Loh, C. L. "Government initiatives to attract retired migrants: An analysis of Malaysia's My Second Home (MM2H) programme." *Tourism Management Perspectives* 16 (2015), 58–66.

41 Ibid.

42 Guan, Benny Teh Cheng. "Retirement migration: The Malaysia My Second Home (MM2H) program and the Japanese retirees in Penang." *IJAPS* 14, 1(2018), 79–106.

43 Ibid.

44 Ono, 2008.
45 Chee, 2007.
46 하지만 이스라엘과 유고슬라비아 국적자는 여전히 비자 신청이 제한된다. Chee, 2007.
47 Abdul-Aziz et al., 2015.
48 *Ibid.*, 62.
49 Abdul-Aziz et al., 2015.
50 *Ibid.*, 61.
51 Abdul-Aziz et al., 2015.
52 M-1과의 인터뷰.
53 Ormond, Meghann. "Resorting to Plan J: Popular Perceptions of Singaporean Retirement Migration to Johor, Malaysia." Asian and Pacific Migration Journal 23, 1 (2014), 1-26. 말레이시아 정부가 2012년 관광산업의 주요 슬로건을 "말레이시아, 진정한 아시아"(Malaysia, Truly Asia)에서 "럭셔리 말레이시아"(Luxury Malaysia)로 변경한 점이 흥미롭다. 정부가 아주 부유한 외국인들을 유치하기 위해 MM2H 프로그램을 개혁한 것과 마찬가지로, 변경된 슬로건은 관광산업을 통해 '씀씀이가 큰 소비자'를 유치하려는 정부의 의도를 잘 보여준다. Oxford Business Group. *A Taste for the Finer Things: Policies to Boost Visitor Spending Focus on the Luxury Market*. 2012.
54 MM2H 홈페이지.
55 Fahd, Cherine. "Terror, Muslims, and a culture of fear: challenging the media message." *The Conversation* May 10, 2017.
56 Lowe, Felix. "Thai tourism: A short history." *The Guardian*. June 15, 2006.
57 Suntikul, Wantanee. "Thai Tourism and the Legacy of the Vietnam War." In *Tourism and War*, edited by Richard Butler and Wantanee Suntikul, New York: Routledge, 2013, 92-105.
58 Suntikul, 2013.
59 Cohen, Erik. "The dropout expatriates: a study of marginal farangs in Bangkok." *Urban Anthropology* 13, 1 (1984), 91-115.
60 Suntikul, 2013.
61 Meyer, Walter. *Beyond the Mask: Toward a Transdisciplinary Approach of Selected Social Problems Related to the Evolution and Context of International Tourism in Thailand.*

Saarbrucken: Breitenbach, 1988.
62 Suntikul, 2013.
63 Tangsupvattana, Ake. "Globalization, Governance, Development and Socioeconomic Structure Change in Thailand." Academic Network for Development in Asia, The Second ANDA International Seminar was held at Phnom Penh Hotel, Cambodia (January 8-10, 2010), 3.
64 Toyota & Xiang, 2012.
65 Teh, Ivy. "Healthcare Tourism in Thailand: Pain ahead?" *APBN* 11 (2007), 493-497; Toyota & Xiang, 2006.
66 Teh, 2007; Toyota & Xiang, 2006.
67 Thai Ministry of Foreign Affairs, n.d.
68 Intarakomalyasut, Nondhanada. "Thailand Expects Long-Stay Foreign Visitors to Reach 100,000." *The Bangkok Post* February 6, 2003.
69 Economic Intelligence Center (EIC). "Insight: Three mega trends to change the face of the Thai tourism industry." 2017.
70 Intarakomalyasut, 2003.
71 Toyota & Thang, 2017.
72 The Bangkok Post. "10-year visa for senior tourists." November 22, 2016.
73 Fuller, Thomas. "Famed Thai hospitality shows signs of strain." *The New York Times* March 20, 2007.

3장 은퇴이주와 "등급화된 시민권"

1 Ong, 2009.
2 Intarakomalyasut, Nondhanada. "Thailand Expects Long-Stay Foreign Visitors to Reach 100,000." *The Bangkok Post* February 6, 2003, par. 5.
3 Mavelli, Luca. "Citizenship for Sale and the Neoliberal Political Economy of Belonging." *International Studies Quarterly* 62, 3 (2018), 482-493.

4   Toyota & Xiang, 2012.
5   Smith, Andrea. Thailand approves long-stay visas of 10 years for senior tourists to promote medical and wellness tourism. *Lonely Planet*, 2016. Retrieved from https://www.lonelyplanet.com/news/2016/11/24/thailand-extends-visas-over-50s/
6   Foucault, 2004a, 2004b.
7   Iglesias, Iza. "A passionate people person." *Manila Times*, January 7, 2017, par. 16. https://www.manilatimes.net/passionate-people-person/305675/
8   Toyota and Xiang, 2012.
9   Toyota & Thang, 2017.
10 Ibid.
11 Philippine Retirement Authority (PRA). Annual Report 2016.
12 Greenberg, Jessica and Andrea Muehlebach. "The old world and its new economy: notes on the "Third Age" in Western Europe today." In *Generations and Globalization: Youth, Age, and Family in the New World Economy* edited by Jennifer Cole and Deborah Durham, Bloomington: Indiana University Press, 2007, 190-214.
13 Ibid.
14 Gilleard, Chris and Paul Higgs. "The Third Age and the Baby Boomers: Two Approaches to the Social Structuring of Later Life." *International Journal of Ageing and Later Life* 2, 2 (2007), 21.
15 Ibid.
16 Leach, Rebecca, Chris Phillipson, Simon Biggs and Annemarie Money. "Baby boomers, consumption and social change: the bridging generation?" *International Review of Sociology* 23, 1 (2013), 104-122.
17 Leach et at., 2013, 112.
18 Economic Intelligence Center (EIC). "Insight: Three mega trends to change the face of the Thai tourism industry." 2017. https://www.scbeic.com/en/detail/product/3368
19 Foucault, 2004b; Curtis, Bruce. "Foucault on governmentality and population: the impossible discovery." *Canadian Journal of Sociology* 27, 4 (2002), 505-535.
20 Ong, 2006.

4장 은퇴이주비자에 대한 한국인의 상상

1. MM2H.
2. PRA, 2014.
3. MM2H, 2018.
4. Green, 2015, 2017; Toyota, 2006; Ono, 2008; Toyota & Thang, 2017.
5. 김동엽 「동남아 은퇴이주의 실태와 전망: 필리핀을 중심으로」, 『동아연구』 57(2009): 233-267; 홍석준 「말레이시아의 이민정책과 한국인 은퇴이주의 조우」, 『한국콘텐츠학회논문지』 16, 4(2016), 555-568.
6. Lee, Su-Hyun. "In South Korea, Retirement Can Be Elusive." *The NY Times* September 12, 2009.
7. 퇴직자에게 매달 연금을 지급하는 퇴직연금은 2005년에 소개되었지만, 법적 강제력이 없기 때문에 2009년 현재 100인 미만 사업장 중 9.4퍼센트만이 퇴직연금을 도입한 상태다. 반충호 「최근 퇴직연금 제도 도입 실태와 시사점」, 『노동리뷰』 58 (2009). 이처럼 한국 회사의 미흡한 기업 복지는, 일본 회사가 일반적으로 제공하는 포괄적인 기업 복지와 크게 차이가 난다. Lie, John. "Is Korean Management Just like Japanese Management?" *Management International Review* 30, 2 (1990), 113-118.
8. 박영철 「은퇴이민 I: 은퇴이민 열풍」, 『주간조선』 2006. 11.
9. 이철현 「필리핀, 떠오르는 '기회의 땅'」, 『시사저널』 2009. 2. 24.
10. 이러한 분석 보고서는 다양한 기관과 개인에 의해 발표되었다. 예컨대 정부기관인 대한무역투자진흥공사(KOTRA)는 2007년 필리핀 부동산 시장을 조명하기 시작했다 (홍창석, 2007). 한국 상업은행들은 필리핀 부동산 시장을 소개하는 설명회를 개최함으로써 필리핀 부동산 시장 투자를 홍보하는 데 적극 동참했다. 『조선일보』, 2006.
11. Nelson, Laura. *Measured Excess: Status, Gender, and Consumer Nationalism in South Korea.* New York: Columbia University Press, 2002.
12. 필리핀의 경우, SRRV의 주 신청자는 동반 가족 두 명을 데려올 수 있다. 따라서 부부가 SRRV를 신청해 여러 명의 자녀를 데려올 경우, 두 번째 자녀부터는 일인당 미화 15,000불의 추가 금액을 지불해야 한다.

참고문헌

김동엽 「동남아 은퇴이주의 실태와 전망: 필리핀을 중심으로」, 『동아연구』 57(2009), 233-267.
박영철 「은퇴이민 I: 은퇴이민 열풍」, 주간조선 2006. 11.
이철현 「필리핀, 떠오르는 '기회의 땅'」, 『시사저널』 2009. 2. 24.
장원수 「'필리핀 은퇴이민' 묻고 따진 뒤 떠나야 실패 없다」, 『경향신문』 2009. 2. 4.
홍석준 「말레이시아의 이민정책과 한국인 은퇴이주의 조우」, 『한국콘텐츠학회논문지』 16, 4(2016), 555-568.

Abdul-Aziz, A.-R., J.H.M. Tah, J.X. Lim, and C.-L. Loh. "Government initiatives to attract retired migrants: An analysis of Malaysia's My Second Home (MM2H) programme." *Tourism Management Perspectives* 16 (2015), 58–66.

Agamben, Giorgio. *Homo Sacer: Sovereign Power and Bare Life*. Translated by Daniel Heller-Roazen. Stanford: Stanford University Press, 1998.

Asian Development Bank (ADB). "ADB Annual Report 2014." https://www.adb.org/documents/adb-annual-report-2014

Bærenholdt, Jørgen Ole. "Governmobility: The Powers of Mobility." *Mobilities* 8 (2013), 20-34.

Baldassar, Loretta and Laura Merla, eds., *Transnational Families, Migration and the Circulation of Care: Understanding Mobility and Absence in Family Life*. Routledge Transnationalism Series, 2014.

Baldassar, Loretta. "Transnational Families and the Provision of Moral and Emotional Support: The

Relationship between Truth and Distance." *Identities* 14, 4 (2007), 385-409.

Benson, Michaela and Karen O'Reilly. eds., *Lifestyle Migration. Expectations, Aspirations and Experiences.* New York: Ashgate, 2009.

Carrera, Sergio. "How much does EU citizenship cost? The Maltese citizenship-for-sale affair: A breakthrough for sincere cooperation in citizenship of the union" *CEPS Paper in Liberty and Security in Europe* 64 (2014). https://www.ceps.eu/system/files/LSE%20No%2064%20Price%20of%20EU%20Citizenship%20final2.pdf

Chee, Heng Leng. "Medical Tourism In Malaysia: International Movement of Healthcare Consumers and the Commodification of Healthcare." *ARI Working Paper* 83 (2007).

Cohen, Erik. "The dropout expatriates: a study of marginal farangs in Bangkok." *Urban Anthropology* 13, 1 (1984), 91–115.

Croucher, Sheila. *The Other Side of the Fence: American Migrants in Mexico.* Austin: University of Texas Press, 2009.

Curtis, Bruce. "Foucault on governmentality and population: the impossible discovery." *Canadian Journal of Sociology* 27, 4 (2002), 505–535.

Dzankic, Jelena. "Investment-Based Citizenship and Residence Programmes in the EU." *Robert Schuman Centre for Advanced Studies Research Paper* 8 (2015). https://ssrn.com/abstract=2558064 or http://dx.doi.org/10.2139/ssrn.2558064

Dzankic, Jelena. "The Pros and Cons of Ius Pecuniae: Investor citizenship in comparative perspective." *EUI RSCAS* (2012). http://cadmus.eui.eu/handle/1814/21476

Economic Intelligence Center (EIC). "Insight: Three mega trends to change the face of the Thai tourism industry." 2017. https://www.scbeic.com/en/detail/product/3368

Edwards, Sebastian. "Capital mobility and economic performance: Are emerging economies different?" *NBER Working Paper* 8076 (2001).

Fahd, Cherine. "Terror, Muslims, and a culture of fear: challenging the media message." *The Conversation* May 10, 2017. https://theconversation.com/terror-muslims-and-a-culture-of-fear-challenging-the-media-messages-77170

Foucault, Michel. *Security, Territory, Population: Lectures at the Collège de France, 1977-1978.* Translated by Graham Burchell. New York: St Martin's Press, 2004a.

Foucault, Michel. *The Birth of Biopolitics: Lectures at the Collège de France, 1978-1979.* Translated by Graham Burchell. New York: St Martin's Press, 2004b.

Fuller, Thomas. "Famed Thai hospitality shows signs of strain." *The New York Times* March 20, 2007. https://www.nytimes.com/2007/03/20/business/worldbusiness/20iht-thai.4972079.html

G.R. No. 156303. Phil. Leisure & Retirement Authority v. The Hon. Court of Appeals, et al., (December 19, 2007). http://www.chanrobles.com/cralaw/2007decemberdecisions.php?id=1396

Gavanas, Anna and Inés Calzada. "Swedish Retirement Migrants in Spain: Mobility and Eldercare in an Aging Europe." In *Family Life in an Age of Migration and Mobility: Global Perspectives through the Life Course*, edited by M. Kilkey and E. Palenga-Möllenbeck, New York: Palgrave Macmillan, 2016, 237-359.

Gilleard, Chris and Paul Higgs. "The Third Age and the Baby Boomers: Two Approaches to the Social Structuring of Later Life." *International Journal of Ageing and Later Life* 2, 2 (2007), 13-30.

Glick Schiller, Nina and Noel B. Salazar. "Regimes of Mobility Across the Globe." *Journal of Ethnic and Migration Studies* 39, 2 (2013), 183-200.

Gonzalez, Vernadette Vicuña. *Securing paradise: Tourism and militarism in Hawai'i and the Philippines*. Durham: Duke University Press, 2013.

Green, Paul. "Mobility Regimes in Practice: Later-life Westerners and Visa Runs in South-East Asia." *Mobilities* 10, 5 (2015), 748–763.

Green, Paul. "Racial hierarchies and contradictory moral regimes in lifestyle destinations: Older, Western residents in Ubud, Bali." *Asian and Pacific Migration Journal* 26, 2 (2017), 161-180.

Greenberg, Jessica and Andrea Muehlebach. "The old world and its new economy: notes on the "Third Age" in Western Europe today." In *Generations and Globalization: Youth, Age, and Family in the New World Economy* edited by Jennifer Cole and Deborah Durham, 190-214. Bloomington: Indiana University Press, 2007.

Guan, Benny Teh Cheng. "Retirement migration: The Malaysia My Second Home (MM2H) program and the Japanese retirees in Penang." *IJAPS* 14, 1(2018), 79–106.

Gulane, J. T. "Retirement sector now a flagship program for Arroyo government." *Business World* May 31, 2006.

Gustafson, Per. "Tourism and seasonal retirement migration." *Annals of Tourism Research* 29 (2002), 899-918.

Hayes, Matthew. "'It is hard being the different one all the time': Gringos and racialized identity in lifestyle migration to Ecuador." *Ethnic and Racial Studies* 38, 6 (2015), 943-958.

Hochschild, Arlie Russell. "Global Care Chains and Emotional Surplus Value." In *On The Edge: Living with Global Capitalism* edited by W. Hutton and A. Giddens. London: Jonathan Cape, 2000.

Human Rights Watch. "Help Wanted: Abuses against Female Migrant Domestic Workers in Indonesia and Malaysia." *Human Rights Watch* 16 (2004). https://www.hrw.org/reports/2004/indonesia0704/

Iglesias, Iza. "A passionate people person." *Manila Times*. January 7, 2017. https://www.manilatimes.net/passionate-people-person/305675/

Intarakomalyasut, Nondhanada. "Thailand Expects Long-Stay Foreign Visitors to Reach 100,000." *The Bangkok Post*. February 6, 2003.

International Organization for Migration (IOM) Thailand migration profile 2014. https://thailand.iom.int/thailand-migration-report-2014

Kang, David. *Crony Capitalism*. Cambridge: Cambridge University Press, 2002.

Kaur, Amarjit. "International Labour Migration in Southeast Asia: Governance of Migration and Women Domestic Workers." *Intersections: Gender, History and Culture in the Asian Context* 15 (2007). http://intersections.anu.edu.au/issue15/kaur.htm

Khoo, Boo Teik. 2010. "Social movements and the crisis of neoliberalism in Malaysia and Thailand." *IDE Discussion Paper* No. 238. Institute of Developing Economies. http://www.ide.go.jp/English/Publish/Download/Dp/238.html

King, Russell, A. M. Warnes, Tony Warnes, and Allan M. Williams. *Sunset lives: British retirement migration to the Mediterranean*. Oxford, Berg: Bloomsbury Academic, 2000.

Leach, Rebecca, Chris Phillipson, Simon Biggs and Annemarie Money. "Baby boomers, consumption and social change: the bridging generation?" *International Review of Sociology* 23, 1 (2013), 104-122.

Lee, Su-Hyun. "In South Korea, Retirement Can Be Elusive." *The NY Times*. September 12, 2009. http://www.nytimes.com/2009/09/13/world/asia/13silver.html?_r=1

Lie, John. "Is Korean Management Just like Japanese Management?" *Management International Review* 30, 2 (1990), 113-118.

Life Care: Independent and Assisted Living. https://lifecare.com.ph/

Lowe, Felix. "Thai tourism: A short history." *The Guardian*. June 15, 2006 https://www.theguardian. com/travel/2006/jan/15/travelnews.thailand.theobserver

Malaysia My Second Home Program (MM2H). MM2H Programme statistics. 2018. http://www.mm2h.gov.my/index.php/en/home/programme/statistics

Massey, Doreen. *Space, Place and Gender*. Minneapolis: University of Minnesota Press, 1994.

Mavelli, Luca. "Citizenship for Sale and the Neoliberal Political Economy of Belonging." *International Studies Quarterly* 62, 3 (2018), 482–493.

McGahan, Kevin. "The securitization of migration in Malaysia." Paper presented at the annual conference of the American Political Science Association Toronto, Canada September 3-6, 2009.

Meyer, Walter. *Beyond the Mask: toward a Transdisciplinary Approach of Selected Social Problems Related to the Evolution and Context of International Tourism in Thailand*. Saarbrucken: Breitenbach, 1988.

Morales, Neil Jerome. "Philippines sees opportunity in wealthy neighbors' golden years." Reuters February 19, 2016. https://www.reuters.com/article/us-philippines-retirement-idUSKCN0VR2W7

Muehlebach, Andrea. *The Moral Neoliberal: Welfare and Citizenship in Italy*. Chicago: The University of Chicago Press, 2012.

Nah, Alice. "Globalisation, Sovereignty and Immigration Control: The Hierarchy of Rights for Migrant Workers in Malaysia." *Asian Journal of Social Science* 40, 4 (2012), 486–508.

Nelson, Laura. *Measured Excess: Status, Gender, and Consumer Nationalism in South Korea*. New York: Columbia University Press, 2002.

O'Neil, Kevin. "Labor Export as Government Policy: The Case of the Philippines." Migration Policy Institute. 2004 https://www.migrationpolicy.org/article/labor-export-government-policy-case-philippines/

Oliver, Caroline. *Retirement Migration: Paradoxes of Ageing*. New York: Routledge Taylor and Francis Group, 2008.

Ong, Aihwa. *Neoliberalism as Exception: Mutations in Citizenship*. Durham: Duke University Press, 2006.

Ono, Mayumi. "Long-Stay Tourism and International Retirement Migration: Japanese Retirees in Malaysia." In *Transnational Migration in East Asia*. Edited by David W. Haines, Makito Minami and Shinji Yamashit, Senri Ethnological Reports 77 (2008), 151–162.

Ono, Mayumi. "Long-stay tourism: Japanese elderly tourists in the Cameron Highlands, Malaysia." *Senri Ethnological Studies* 76 (2010), 95-110.

Organisation for Economic Co-operation and Development (OECD). Key statistics on diaspora from Malaysia 2012. In *Connecting with Emigrants: A Global Profile of Diasporas*. https://read.oecd-ilibrary.org/social-issues-migration-health/connecting-with-emigrants/key-statistics-on-diaspora-from-malaysia_9789264177949-graph23-en#page1

Ormond, Meghann. "Resorting to Plan J: Popular Perceptions of Singaporean Retirement Migration to Johor, Malaysia." *Asian and Pacific Migration Journal* 23, 1 (2014), 1-26.

Oxford Business Group. A taste for the finer things: Policies to boost visitor spending focus on the luxury market. 2012. https://oxfordbusinessgroup.com/analysis/taste-finer-things-policies-boost-visitor-spending-focus-luxury-market

Parker, Owen. "Commercializing Citizenship in Crisis EU: The Case of Immigrant Investor Programmes." *Journal of Common Market Studies* 55 (2017), 332-348.

Parsons, Christopher, Sebastien Rojon, Farhan Samanani, and Lena Wettach. "Conceptualising International High-Skilled Migration." The IMI Working Papers Series. 2014 https://pdfs.semanticscholar.org/89ee/f20c6a283ffd0c6882e0b99d90f6cff41385.pdf

Philippines Retirement Authority (PRA). Breaking Barriers on Investment Opportunities for Foreign Investors. The 53rd Annual National Convention and Election, Philippines Association of Real Estate Boards, Inc (October 10-12, 2013). https://www.facebook.com/SRRVisa

Philippine Retirement Authority (PRA). *Annual Report* 2014. https://pra.gov.ph/wp-content/uploads/2018/09/2014-Annual-Report.pdf

Philippine Retirement Authority (PRA). *Annual Report* 2016. https://pra.gov.ph/assets/transparency-seal/Annual%20Audit%20Report%20CY%202016.pdf

Piper, Nicola. "Feminisation of Migration and the Social Dimensions of Development: The Asian Case." *Third World Quarterly* 29, 7 (2008), 1287-1303.

Richter, Linda. *The Politics of Tourism in Asia*. Honolulu: University of Hawaii Press, 1989.

Rodriguez, Robyn Magalit. *Migrants for Export: How the Philippine State Brokers Labor to the World.* Minneapolis: University of Minnesota Press, 2010.

Roitman, Janet. *Fiscal disobedience: anthropology of economic regulation in Central Africa.* Princeton, N.J.: Princeton University Press, 2005.

Rosas, Gilberto. *Barrio Libre: Criminalizing States and Delinquent Refusals.* Durham: Duke University Press, 2012.

Schendel, Willem van and Itty Abraham. Eds. *Illicit Flows and Criminal Things: States, Borders, and the Other Side of Globalization.* Bloomington: Indiana University Press, 2005.

Shachar, Ayelet and Hirschl, Ran. "Recruiting Super Talent: The New World of Selective Migration Regimes." *Indiana Journal of Global Legal Studies* 20, 1 (2013): Article 4. https://www.repository.law.indiana.edu/ijgls/vol20/iss1/4

Shamir, Ronen. "Without Borders? Notes on Globalization as a Mobility Regime." *Sociological Theory* 23, 2 (2005), 197-217.

Smith, Andrea. Thailand approves long-stay visas of 10 years for senior tourists to promote medical and wellness tourism. *Lonely Planet.* 2016. Retrieved from https://www.lonelyplanet.com/news/2016/11/24/thailand-extends-visas-over-50s/

Sunanta, Sirijit. "Thailand and the Global Intimate: Transnational Marriages, Health Tourism and Retirement Migration." *Max Planck Institute for the Study of Religious and Ethnic Diversity Working Paper* 14-02 (2014). http://www.mmg.mpg.de/fileadmin/user_upload/documents/wp/WP_14-02_Sunanta%20Thailand%20and%20the%20Global%20Intimate.pdf

Suntikul, Wantanee. "Thai Tourism and the Legacy of the Vietnam War." In *Tourism and War, edited by Richard Butler and Wantanee Suntikul*, New York: Routledge, 2013, 92-105.

Tangsupvattana, Ake. "Globalization, Governance, Development and Socioeconomic Structure Change in Thailand." *Academic Network for Development in Asia*, The Second ANDA International Seminar was held at Phnom Penh Hotel, Cambodia (January 8-10, 2010).

Thai Ministry of Foreign Affairs n.d. Thailand Visa Information: Non-Immigrant Visa "O-A" (Long Stay) http://www.mfa.go.th/main/en/services/4908/15385-Non-Immigrant-Visa-%22O-A%22-(Long-Stay).html

The Bangkok Post. "10-year visa for senior tourists." November 22, 2016. https://www.bangkokpost.com/business/tourism-and-transport/1141756/10-year-visa-for-senior-tourists

Teh, Ivy. "Healthcare Tourism in Thailand: Pain ahead?" *APBN* 11 (2007), 493-497.

Tolentino, Roland. "Bodies, Letters, Catalogs: Filipinas in Transnational Space." *Social Text* 48 (1996), 49-76.

Toyota, Mika and Bao Xiang. The emerging transitional "retirement industry" in *Southeast Asia*. *International Journal of Sociology and Social Policy*, 32, 11/12 (2012), 708-719.

Toyota, Mika and Leng Leng Thang. "Transnational retirement mobility as processes of identity negotiation: the case of Japanese in South-east Asia." *Identities Global Studies in Culture and Power* 24 (2017), 557-572.

Toyota, Mika. "Ageing and transnational householding: Japanese retirees in Southeast Asia." *International Development Planning Review* 28 (2006), 515-531.

United Nations Department of Economic and Social Affairs (UNDESA) *Migration Profile*. Malaysia 2014. https://esa.un.org/miggmgprofiles/indicators/files/Malaysia.pdf

United Nations Population Division. *World Migration Stock: The 2005 Revision Population Database*, United Nations Population Division.

사진 크레딧

036~037   ACORN 1 / Alamy Stock Photo

068~069   1000 Words / Shutterstock.com

080~081   Evgeniia Medvedeva / Alamy Stock Photo

095   richardernestyap / Shutterstock.com

128~129   Duy Phuong Nguyen / Alamy Stock Photo

134~135   Alita Ong / Alamy Stock Photo

교차하는 아시아 3

노인을 위한 나라
— 동남아시아 은퇴이주 문화는 어떻게 생겨났는가

초판 1쇄 발행 2020년 9월 29일

지은이 김도혜
옮긴이 신봉아
발행처 국립아시아문화전당
발행인 박태영
기획 아시아문화원
디자인 박대성

주소 61485 광주광역시 동구 문화전당로 38
문의 1899-5566
홈페이지 www.acc.go.kr

값 16,000원
ISBN 979-11-89652-46-3 94300
ISBN 979-11-89652-43-2 (세트)

ⓒ 국립아시아문화전당, 김도혜 2020

이 책에 수록된 도판 및 글의 저작권은 해당 저자, 소장 기관 및 국립아시아문화전당에 있습니다.
이 책은 저작권법에 의해 보호받는 저작물이므로 무단전재 및 복제를 금합니다.

이 도서의 국립중앙도서관 출판시도서목록(CIP)은 e-CIP홈페이지(http://www.nl.go.kr/ecip)에서
이용하실 수 있습니다. (CIP제어번호 : CIP2020036521)